anothermountainman

又一山人

六十年

想過 寫過 聽過 說過的

囉囉嗦嗦

STANLEY WONG

Joint Publishing
(Hong Kong)
Company
Limited

序言

雖然我天生記憶力奇差，然而以下的六句說話，卻一直銘記於心。

／

楊利偉說：「機會是留給有準備的人。」

我真深感裝備自己是做人的最關鍵。

／

愛因斯坦說他自己沒有甚麼過人之處，唯獨是對世界抱有熱情和好奇心。

我真的沒有過人之處，幸好我對世界尚存熱情及好奇。

／

德蘭修女說過：「昨天已是過去，明天還未到來，我們只得今天，齊來行動吧。」

我每一次想起她這話，便有說不出的動力和鼓勵。

／

聖嚴法師一語道破：「需要的很少，想要的很多。」

我不難明白甚麼是放下、自在。

／

從羅拔・甘迺迪的演講，聽到他引述蕭伯納的名言：「人們用他們一向的見解問：『為甚麼？』我夢想世間未曾發生過的，會說句：『為甚麼不。』」大文豪和領袖都這樣說，我當然緊隨其後……

／

拿着六個做人宗旨，兩個名字；現實世界的 Stanley Wong 和活在理想國度裡的又一山人，互不相干的兩個人行走江湖快到一個甲子，集中一個載體，就似是活兩世人的感覺。

／

堅持下來，我相信，所以我看見。終於看見「我倆」共事，殊途同歸，為可以更好的明天，雙管齊下，更希望有一加一等於三的力量。

囉囉唆唆，是太太經常形容我對自己、對人、對行業、對年輕人、對學生，以至對世間的一分善意的執着。Stanley 囉唆，又一山人囉唆；如果你問我怎樣形容，我會說：「囉囉唆唆＝鍥而不捨＋苦口婆心」。

又一山人

共勉合十

人生，
就像一個圓圈，
沒有一個清楚的起點，
也沒有甚麼絕對的終點。
凡事也許如是。

ces...

A life

B is a journey.

C a journey of

D making choi

熱情

$$\textit{success} = \left(\text{passion} \times \text{dedication}\right)^{\text{time}}$$

投入

① STANLEY WONG

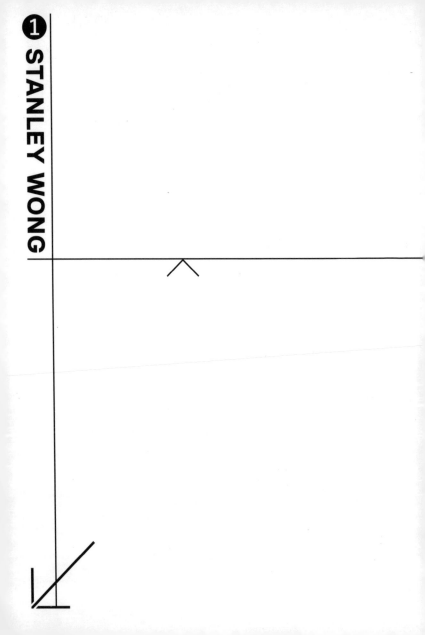

人生起跑線

由誰來決定？

一切冥冥中自有主宰。有人選擇埋怨，有人選擇認真過好生活。坊間很多家長都深信「贏在起跑線」的法則，子女要出人頭地，就要從出生開始規劃人生：上好的幼稚園、上好的小學、上好的中學、上好的大學，為了達到這些目的，子女都要接受地獄式訓練，只有擁有良好的競爭力，才能在優勝劣敗的社會中找到薪高糧準的工作，然後買樓、結婚、生子。

我哋細個冇玩具㗎其實，我哋屋企嗰幾張矮嘅木凳仔，就係我哋細個嘅 LEGO 嚟，搲嚟搲去就砌咗間屋出嚟㗎喇！

小時候窮啊嘛。但個個都係咁㗎喇！

我阿哥大我兩歲，我細佬細我兩歲。有一日，佢哋為咗爭玩具鬧交。其實細路仔爭嘢係好正常嘅，但我走咗去勸佢哋交。所以，我覺得我天生係咁，我只可以咁解釋喇。

◎節錄自〈黃炳培╳又一山人　正一傻仔〉，《字戀》（第一期）。

命運已經不由自主，但人類的某些抉擇，有時候比起命運來得更殘酷。正所

謂人算不如天算，機關算盡，也不可能甚麼都得心應手。

今天我們看到的黃炳培，不論仕途還是藝途，都似乎是一帆風順的。但他與「贏在起跑線」，卻從來都沾不上邊。打從出生開始，黃炳培已經要面對種種困難，甚至連家人都真心認為「生嚿叉燒好過生你」：他對家庭構成負擔。

可能母親在懷胎時患有哮喘的緣故，黃炳培自小已經體弱多病，經常會感冒、發燒，慣常進出診所。可幸的是，黃炳培自小已經沒有比較之心，不會去與身旁活潑健康的小朋友比較，因此也沒有太大的煩惱。然而，到了某一刻，他終於知道了自己和其他人的不一樣。

大約在四、五歲的時候，黃炳培的姐夫駕車帶一家人去遊玩。這趟旅程可以說是荊棘滿途，他是唯一一個會暈車浪的人，嘔得天翻地覆，連黃膽水都吐出來了。他就知道自己和他人的分別——車子開了二百公尺已開始有反應。就是因為這樣受條件所限，所以甚麼地方都去不了。小時候家住黃大仙的黃炳培，因為暈

車暈船的關係，終日被困於住所附近的步行圈內，連報考第一志願的中學也在黃大仙——龍翔官立工業中學。剛升上中學，他便已經向學校申請不去學校旅行，當同學在遊山玩水，他卻要留在學校自修。對一個少年來說，當然感到困擾，又自覺失禮。但這種與生俱來的困擾，沒有選擇，只得面對。中二開始，他拼命嘗試坐長途車希望可以克服。最終在地鐵通車後，便順利將他帶離開黃大仙區。

一波未平一波又起，在努力嘗試克服乘車暈浪之際，黃炳培發現了自己的另一個障礙——讀寫記憶障礙。雖然當時他是一位好學生，但每到測驗考試就必然感到異常徬徨，沒有壓力，卻總是無法背書，捧着中國語文課本，即使短短只有四句詩，他就是通宵達旦溫習，都牢記不了。那時他心裡納悶：大家都能溫習背誦，為何只有我如此不濟？勉強度過了初中生涯，升上高中以後，面對公式繁雜的化學科，他沒有一次測驗考試能夠取得合格。碰巧班主任就是化學科老師，老師看着他一臉無奈的神情，到了今天黃炳培仍然印象深刻。因工科課程取代了

生物科，化學科不及格，加上家庭未能負擔他到外國升學，早於中四，黃炳培便已經知道自己上不了大學。

當所有家長都為子女打從出生開始就鋪排了一條考上好大學的路，黃炳培卻似乎永遠都不在「正常」的跑道上，一直在走迂迴曲折的路。

上不了大學，黃炳培向父親提出希望修讀香港理工學院（即今香港理工大學，下稱理工）的時裝設計課程，作為裁縫的父親深明行業運作，認為在香港唸時裝設計出路成疑，因而沒有贊成。尊重嚴父的黃炳培只好打消念頭，改為唸香港工商師範學院（師範）的設計與科技科目，完成兩年課程後就可以取得教職。但在修讀的過程中，黃炳培意識到課程裡的部份同學不是為教育而教育，只不過當是一份餬口的職業。於是在課程的第二年，黃炳培便報考了理工的平面設計夜校課程。

那時黃炳培還未知道設計是何物，只隱約覺得設計就是做一張漂亮的海報或賀卡。這個夜校課程比日校課程更難考，一年只招生大概四十人，而且只錄取全

職設計師。黃炳培當時仍是師範日校全職學生，為了瞞天過海，他找來父親同鄉開的店鋪，證明他在那裡任職設計師。最後，黃炳培考上了。

每年學期結束前，學生都要呈交全年功課，讓老師作升班的評分考核，可是黃炳培為了應付日校課程，而忽略了功課。老師問他為甚麼尚欠一份功課，他選擇了如實作答，說自己為了準備日校畢業試，而不夠時間做，希望對方能給予多一點時間。那位老師很驚訝：「你不是全職設計師嗎？」黃炳培坦白承認入學時向學校隱瞞。原本以為坦白從寬，但那位老師卻堅持不讓他再來上課。四年的課程，黃炳培只唸了一年就要離開，頓感無助。雖然老師的做法合理，但也似乎有點不近人情。「他不再給我機會唸下去，卻也造就了我。大概是年輕人的那份不甘，他不給我，我就偏要做！」同時，他又對師範內的部份同學感到失望。「教育是一個團體的工作，我沒有信心與那些人一起辦教育。」結果他把心一橫，在師範畢業之後，便正式入行做設計師。

黃炳培捨棄了安穩但缺乏行業信心的教師職業，而以一股衝勁投身設計行列。當時他只完成了一年理工的平面設計課程，對設計仍是一知半解。受先天因素困擾，後天因素也不理想，打從第一天踏上設計之路開始，黃炳培就已經背上了這些負擔，而由零開始就更無助。「因我沒有完成課程的緣故，所以每件事情我都必須要以很認真、但無法掌握的心情去做。我必須做下去，因為自己已經決定了。所以從第一天開始我就要比其他人勤力，記得有一位中學老師說的：『人十能之，己千之（人十能之，己千之：出自《中庸》：「人一能之，己百之；人十能之，己千之。果能此道矣，雖愚必明，雖柔必強。」大意指別人學一次就能懂，我學一百次就能懂，若果別人要學十次才懂，我就學一千次。簡單來說就是將勤可以補拙的意思。）。』這是在逆境兼無條件的情況下對自己最有利的方法。」

常有人問他會不會恨那位老師，黃炳培坦言完全沒有怪責對方，反而感謝對方成就了今天的自己。「嚴格來說，他在法理上沒有錯，只是有些不近人情。如果他沒有趕我出校，我讀完那兩年師範課程後，便會開始教書。在教書系統中，就沒有很強烈的那種，覺得要刻苦，必須要做出一點成績的心態，可能就沒有今

天的我。所以我應該要感謝他，因為他那個決定，衍生了今天的我，你很難說這樣對你好還是不好，所以不要理會，要以平常心面對它、迎接它，不要排斥它，這都是因緣的一部份。沒有困難的因，怎可以結到今天的緣？所有的因都必會去到相關的緣，人生下來，上天從來沒有說過你結果要怎樣。從來沒有。你要有一個過程，你要好好面對那些因，然後就有那個果，因果循環，沒有事情絕對有對錯好壞。每個人條件不同，不斷有因因果果。而我就是我。大家經常比較就沒有了退一步平心靜氣、客觀地去看事情，這是做人矛盾的所在。」

誰又能夠為誰的生命決定起跑線在哪裡？人人條件不同，人生的每一點都可以是起跑線──能決定的就只有自己。這一條起跑線，黃炳培訂立在被踢出校之後。黃炳培沒有走在「正常」的跑道上，因為他有自己的跑道。而他的人生這才真正開始。

「上天要給你一個任務，天將降大任於斯人也，必先苦其心志，勞其筋骨，

餓其體膚，空乏其身（出自《孟子．告子下》的〈生於憂患，死於安樂〉，意指上天要把重大使命交給某人，會先使他的意志受磨練，使他的筋骨勞累，使他的身體抵受飢餓，使他身受窮困之苦。人要做大事，必先要克服重重困難。）。」如果人沒有經歷過種種，往下一步，則不能融會及有意識將自己的價值建基於之前累積的經驗上。其中有上天安排，也有自己去把持決定的部份。選擇才是最重要。往後我一直去尋找創作、工作、教育的意義，正是我一路走來的旅程。」

「時至今日，是眾人客氣或年輕人尊稱也好，『大師』這稱呼從沒有聽進耳朵，不是謙虛，是因為在我心中的自己，仍然是沒有讀完書的一個好學生而已。」

轉捩點

選擇即放下

一個都市人希望在事業上打拼，抓緊每個升職的機會，盼望出人頭地，以換來更舒適的生活，是一件再正常不過的事。可是，在 Stanley 身上看到的，卻不是一條尋常的坦途。

一九八九年底，Stanley 加入了當時全港最大的廣告公司 J. Walter Thompson Hong Kong（JWT），擔任助理創作總監，地下鐵路（地鐵）是公司的客戶之一。剛加入公司，Stanley 就已經要負責地鐵項目。這項工作十分艱巨：在一個多月內，要向地鐵呈上一份下年全年的廣告項目計劃書，以推銷其服務及形象。這份計劃書足足做了超過五十張卡板、近兩尺厚的故事劇本和草稿。這對當時首次參與大型廣告項目的 Stanley 來說，可想而知有多徬徨，壓力有多大。然而不管怎樣，也只能夠邁步向前。沒想到的是，那份計劃書竟然全部通過，真的十分罕見。

那是 Stanley 在工作上的重要轉捩點。第一批地鐵廣告的成功，令 Stanley

獲得很多獎項，也在行業間一夜成名；在此之前，無論在設計界，還是廣告圈子，他也從未曾獲獎，可謂寂寂無聞。可以說，Stanley 終於踏上了光明之路，成為有表現的廣告人——表現並不只是獎項。那時地鐵廣告深入民心，不只成功幫助客戶加強形象及推廣服務；另一邊廂，Stanley 亦因此而得到客戶的信任，這是作為一個廣告人最成功的狀態。Stanley 漸漸在公司內扶搖直上，可以想像，他離名利雙收的日子也不遠了。

我字典中沒有「成功」兩字。成功，意味着終結，劃一個句號。我還是喜歡一直投入，每一次

都是逗號便好。

四年半後，Stanley 又再次遇到另一個轉捩點。

某天，Stanley 出席了一個幾代設計師濟濟一堂的交流飯局。雖然 Stanley 是一個廣告人，但他仍然喜愛及有客串參與平面設計的工作。廣告人覺得他是設計人，設計人卻又覺得他是廣告人，Stanley 並不急於為自己定位，他一直都是遊走於設計圈及廣告圈。席間，著名設計師陳幼堅碰巧坐在他身旁，雙方稍稍寒暄了一下，便又繼續進餐。鄰桌很多年輕設計師走來向前輩打招呼，陳幼堅逢人便這樣轉身介紹 Stanley：「他就是大名鼎鼎做地鐵廣告的 Stanley Wong。」Stanley 飯後有點悵然。他非常感謝陳幼堅的賞識及客氣，可是他一轉念，便若有所失地想：「我是不是除了地鐵就甚麼都不是？」當時 Stanley 已經接手地鐵項目達四年半之久，那是他生命中別具代表性的項目，但「做地鐵廣告的 Stanley Wong」

一盞紅燈等幾耐?
搭地下鐵路
話咁快就到

橫直提示:

1-10 凍冰冰夏日妙品係乜?
11-20 暖笠笠地道風味係乜?
21-30 生猛鮮美好味道係乜?
31-37 每逢知己份外啱係乜?
38-44 唔使筷子啜大餐係乜?
45-58 香香滑滑凍甜品係乜?
59-65 清清淡淡益腸胃係乜?
66-70 無論想食乜,搭＿就得!

這一個稱號，卻同時提醒了他必須 move on：「我已經做了四年半，無可厚非我與客戶相熟且已建立默契，一切都看似盡在掌握。可是，我擔心有一天，我會視這一切為理所當然，無意識地繼續。那麼，何不在這時候接受新的嘗試，接手其他項目，做一些不同的東西？」

憑藉沒由來的勇氣及決心，Stanley 決定退出地鐵項目。幾天後，他便跟大老闆說，不再做地鐵項目了。老闆大驚，問：「誰得罪你了？是不是客人對你不好？發生了甚麼事？」Stanley 說：「沒有，一點事情也沒有發生，不過我想來一個終結，我要 move on，想接受新的挑戰。」老闆面色一沉，勉為其難地接受了他的決定。客戶也苦惱，因為很多接手的事項要處理，可是聽了 Stanley 的原因，又覺得理解，並尊重他的決定，後來竟還擺了幾圍酒歡送他。

這個決定引起了行內譁然。地鐵的形象好，客戶也尊重廣告人的創意，所以做了很多有特色的廣告，是全行夢寐以求的工作。Stanley 退出項目以後，惹來

環	迴	立	體	聲	音	響	明	非
夫	球	棒	儲	乂	打	清	比	洲
內	無	線	電	話	字	古	堅	海
黑	龍	論	池	畫	機	董	尼	底
色	眞	鬚	想	筆	座	金	泳	泥
皮	波	板	糖	買	魚	撈	衣	面
褲	斯	鞋	浴	缸	乜	車	譜	膜
財	貓	手	巾	仔	搭	朩	就	得

影	磁	飛	鏢	古	鑽	朱	義	盛
不	碟	鐵	的	玉	石	盆	景	高
求	甲	機	確	電	戒	磨	泰	腳
人	蔘	皮	涼	動	指	耳	藍	凳
茸	雲	鞋	匹	牙	簽	筒	瓷	牛
指	南	針	頭	刷	線	收	碗	墨
甲	白	底	印	花	恤	音	樂	盒
箱	葯	材	章	蜜	飛	機	恤	袋

↖ MTR TVC

一陣齟齬，其中一個說法是，Stanley 害怕來年無法繼續得獎，因此見好即收。害怕是害怕的，他卻不是害怕沒有獎項及掌聲，誰也沒料到，Stanley 是害怕在沉穩的生活節奏中，失去自我進步的動力。

不要單做自己腦裡所想的，要聽自己心裡跟自己說的話。

可是說到底，要放棄扶搖直上、呼風喚雨的機會，並不是一件容易的事。Stanley 回想，那不是一個深思熟慮的決定，可是偏偏就做了。「我覺得那是一次實戰的經驗，給我往後到了要抉擇的關口，都能夠狠心做決定。既然那樣都能夠放下，還有甚麼不可以？後來我選擇離開 JWT 到新加坡 BBH Asia Pacific 做開荒牛，到之後從零開始做導演，或者將來我要計劃六十歲之後做甚麼，那

一次的實戰經驗給予我膽量及決心。那件事很能夠幫助我在其他事情上以更大的心胸製造轉捩點。」

縱然大多數旁人都會為 Stanley 的這個決定感到可惜。可是現在回想，那個放下的決定卻造就了 Stanley 後來無數自我挑戰的契機，從中滋養出生命的韌性，因而能開懷的走到今天。人以為，放下會使人一無所有，要懂得「抓緊每個機會」，能抓緊的都抓緊，可是抓緊的到底都是太多了，以致弄得一身枷鎖，反倒忘記了自己的初心。有時候放慢腳步，有時候學會捨棄。到頭來，所謂的放下，便是給予自己一個回到初心的機會。

從來都是這樣認為：人生中，有大大小小的選擇。人生的意

義和學問，就是面對自己內心，負責地作出一個又一個的選擇，承擔及執行每個決定。

茹素

更在於律己

人在江湖，身不由己，人處身於世事常變的江湖，往往需要作出許多不由自主的、違背自己意願的選擇。

茹素的理由，可以有上千萬個。有人為了身體健康，拒絕肉類隱含的毒素及過高的熱量；有人為了保護地球，減少碳排放，為生態平衡出一分力；有人慈悲為懷，見其生不忍見其死，而拒絕因滿足飽腹之欲而殺生。又一山人選擇茹素，乃從慈悲理由開始，打後作為練習放下；對他而言，茹素是一種修行，也一如他毅然另起的名字「又一山人」，作為自身修行的決心與見證。

在又一山人還未對佛教有深入認識的時候，便已因緣際會遇上一位出家師父，而這次機緣亦直接成為了他茹素的契機。Stanley 在精英廣告公司工作時，跟公司的風水顧問熟絡，有一天該風水顧問斷然捨棄原本富有的世俗生活，出家成了佛教僧侶，了卻紅塵的煩憂，時為一九九三年。多年以後，在舊老闆的邀約下，三人一同進膳短聚。出家人不打妄語，說話很少，席間三人你眼望我眼，氣

氛有點侷促。又一山人思忖，要說些甚麼來打破悶局呢？偏偏自己又不是投其所好胡亂說話的人。那不如談佛吧？

「師父，我想認真的學佛，也曾參與一些佛教的演講，但總沒能提起心肝去學，而且我的工作很忙，沒有時間。再說，自己是否真的與佛有緣呢？」師父看了他一眼，玄妙地回答：「有緣自會有緣，不必心急，慢慢來吧！」氣氛又再次回復到一片寂靜。那時候又一山人對佛教的認識粗疏，也一如大部份人一樣，認為出家就等於放下一切，不作為，六根清淨。於是他又問：「就算我真的決心去學也沒用，我實在有太多目標，是不是與佛教的觀念有很大的衝突？怕是想學都學不成了。」師父又再看了他一眼，頓一頓，反問：「那就要看你的理想是甚麼？」又一山人有點錯愕，才又想起了「又一山人」這個名字，是為了決定往後的工作方向——透過創作推動「人的和諧」。師父知悉後說，沒有衝突，這正是佛家最高的理想及目標。

又一山人沉思。

飯局過後，眾人各自歸家。在銅鑼灣糖街的路中心行着，短短的兩分鐘，又一山人恍然大悟：「佛家茹素是為了不殺生！而不殺生是因為他們的目標是眾生平等和諧！」事情總是在人的一念之間改變。多走幾步，又一山人便質問自己：「既然我要推動人的和諧，那為甚麼我要殺生食肉呢？」一念之間，他就決定從當晚開始不再食肉了。

台灣雕刻家朱銘講過一句說話我很同意：「藝術即修行。」人要處理自己一生，本身就是一種藝術，可以糟蹋、麻木，但亦可以珍惜生命，這個不斷認識自己、認識世界的過程，就是一種修行。我們做一件事，經過沉澱、不斷提升，直到一種境界，令人有感受，就可以成為藝術。要令人感動，甚至感染他人，引發思考，跟受眾互動，當然是更高的藝術境界。連一頓飯都無法掌控，講甚麼世界和平呢？於是我無任何猶豫，由那天晚上開始吃素。◎節錄自〈跑素飯局第五十回：修行的藝術　又一山人〉，《U周刊》，二〇一五年六月。

不尋常的是，這廿多年來，又一山人竟然從未曾有過想食肉的念頭。起初太太懷疑他堅持不了多久，朋友以為他是因家人生病祈福或信奉新興生活哲學而茹素。幾年後，又一山人與該位師父再次見面，師父也覺得不太尋常：「這不是一個正常人的情況，你必有一些種子，能夠成就你這樣的純粹，能完全放下食的貪念。」

我有位朋友在上海開餐館，開張不久，他邀請我去吃飯，席上有新相識的朋友，寒暄兩句後，上了一道燕窩，我禮貌地拒絕，因為我看過一部紀錄片，要取燕窩就要原個雀巢拿下，過程甚至有機會跌死裡面的小燕，燕窩是燕子的房子，食燕窩對我而言，象徵燕子家破人亡。我解釋清楚之後，以為會就此平息。怎料其中一位賓客想添食燕窩，居然對部長說要多來一碗「家破人亡」。其實，大部份人都會主觀地看待吃素這個問題，例如朋友點餐時衝口而出，說我不能吃這不能吃那，好像很慘，但在我的角度而言，這並非「不能」吃，而是我「選擇」不吃，兩者南轅北轍。◎節錄自〈跑素飯局第五十回：修行的藝術　又一山人〉，《U周刊》，二○一五年六月。

常言道，研佛有八萬四千法門，任何的體會也是禪，可以打坐，可以研讀佛法。而最平常不過，則是進食，人必須依靠進食來維持生命，每天三餐，就能得到三次的體會。堅持茹素，對又一山人來說別具象徵意義：時刻提醒自己，定立了推動人的和諧的工作目標，故茹素也是其作為處世的立足點。要是說，茹素是對眾生平等的追求，那麼，若是連日常的實踐都無法做到，又怎樣再進行往後的工作、實踐目標呢？要不然，這對他來說是打擊，也是侮辱；無論如何，也要做到。做人，不要太輕易放棄自己的信念，妥協只能換來更多的妥協。當自己的選擇與社會大多數人背道而馳甚至抵觸，在實踐過程中便更能看清自己的本質和需求，以及社會的現實。

很多人覺得茹素是環保、對身體有好處，然而，不只是環境與身體，對個人的心神也有莫大裨益。要是問，又一山人茹素多年最大的得着是甚麼，他會這樣回答：「茹素對於放下的意識更強烈，而且做得更好。」大概沒有人會將茹素與

放下扣上關連。可是回頭細想，人生由衣食住行組成，各方面能統算佔人生約四分之一，茹素的話，已經能在食的方面放下七八成，換句話說，人生就已經放下五分之一了。這套意識也會隨着不斷從進食的實踐中，滲透到日常生活各方面。好好嘗試學習放下生命中不必要的牽掛，不去強求，也是修行。

擁有的愈多，卻令自己失去了喘息的空間。學會捨棄，便換得更廣闊的世界。大部份香港人所謂的共同意識，就是求存競爭，名利是保衛自己存在的意識。所謂的向上游，要享受生活，衍生了許多不必要的對於名利的追逐，焦點理所當然的一面倒，集中於解決生存及生活問題，奉上自己所有的心力。可惜的是，大部份人都沒有給予自己空間及機會，去看看工作求存及名利以外，還有甚麼，生命是甚麼。

在物質豐饒的都市，膨脹的慾望伸手可及，點擊率最多的網頁是介紹玩樂、美食的專頁，肉汁飽滿的食物相片往往最能觸動人的神經。以消費來偽裝生活的

充實，以慾望來取代自身進步的追求。營營役役數十載，虛妄不過太匆匆。

可又一山人亦從不強求別人必定要茹素，茹素的意義更在於律己，這也不過是關於選擇。

人們沒有嘗試茹素，
便沒有茹素的體會及得着，
你選擇了不要這種體會
與得着，

不是罪過，可就是沒有而已。

又一山人說：「人們常說做不到。我想太過武斷的是，人們太一廂情願地以自己的價值觀去看待事物，沒有給予自身機會去體驗一些不是一般的想法。可有些時候，自然就會做到。你總以為你無肉不歡，但假如有一天醫生告訴你明天再吃肉便會加重病情致死，相信你立刻就能不吃了。而為甚麼恆常就做不到呢？當有外在條件規範你的時候，就所謂能夠做到了；而在自己選擇的時候，卻沒有給予自己這樣的可能性？」

「人們需要的很少，想要的太多。」——聖嚴法師（法號釋聖嚴，佛學弘法師兼教育家，為禪門曹洞宗五十一代傳人，臨濟宗五十七代傳人，創立了法鼓山。）

知足常樂。
不知足常苦。
知自有不足者，
有福。

名字

可以是任重而道遠

人類打從牙牙學語開始，便透過命名系統來認識世界，只要事物能被命名，就能被辨識、學習。命名同時也是權力運作的模式，父母替子女命名，學術界為新發現命名，企業界為新產品命名，為種種事物訂立意義。一個人同時可以有多個名字，出生時無從選擇的家族名字、為了申領身份證而起的英文名字、為學校方便稱呼而改的英文小名，可能還有被其他朋友鬧着玩而弄的小名。

每一樣事物都有名字，有意義及指向。但人的名字彷彿只是一種用於辨認身份的文字，或許當中也帶有父母的期望，但大多數都沒有包含個人為自己定立的目標在內。叫國強的人，真的想國家強盛嗎？叫浩志的人，是父母希望他有浩瀚大志吧？旁人會問，為甚麼名字要有意義呢？能被辨認不就好了嗎？

但 Stanley Wong 有不一樣的想法。名字可以無意義，但若果細心去想，名字其實也是一種身份認同、自我認同。每天都被喚叫的名字，應可有不一樣的意義：它可以是一種修行，可以是自我警醒，可以是自我約束，也可以是傳遞訊

息的方法，每一次向別人解釋自己的名字，就等同於向人傳達一種訊息。

於是，他在一九九三年為自己起了一個名字——「又一山人」，正式確立了要實踐「人的和諧」的抱負。

不熟悉的人，總覺得奇怪，為甚麼是「又一山人」？

「又一山人」名字的靈感來源自明末清初的國畫大師朱耷的別號「八大山人」。朱耷是明室後裔，在滿洲人入主中原後剃髮為僧，後改為道士。大師擅長透過簡單的筆法呈現自然景象，畫風並不完全以寫實為主，略帶一點超現實的元素，翻白眼是其作品的特性，他筆下的動物禽鳥，似乎都帶有無奈及對社會的不滿，帶有強烈的個人態度。除了顛覆傳統，畫作也隱含了對當時社會的批判，其畫風對後世畫家如齊白石、張大千等影響深遠。八大山人的水墨風格超脫非凡，黃炳培十分喜愛及敬重這位大師，故自封「又一山人」向其致敬，並追隨大師之路。

不過，這個追隨也經歷了三個階段。一九九三年又一山人改名時，只因八大

←**朱耷**一明末清初的國畫大師。

山人的美學境界；後至四十歲，開始了社會和諧、紅白藍等議題的創作之後，才認真知道更多八大山人畫中的社會政治含意。後來，又一山人再在學佛之後看到文章論述，才得知一說法，原來八大山人晚年的畫作抽象虛幻，呈現了魚飛在天等畫面，是他有意識地帶出世間皆虛幻的道理。又一山人從跟他之命名、追隨，以至對社會及宗教理解及成長有不可思議的三個階段。

一九九二年是他人生中一個很大的轉捩點，當時他已加入創作行業約十年，算是亞洲廣告界其中一位天之驕子，人工高獲獎無數，又常有出色的表現，用名成利就來形容他絕不為過。誰得到名利不會想方盡法、花更大氣力去牢牢捉緊這一切？為了往上爬，形成行業間惡性競爭。要是 Stanley 是一位正常行家，他是應該要像同行般繼續賺更多錢，繼續爭取表現博升職加薪。但偏偏，他發了一個夢，改變了他的路。

在夢中，Stanley 躺臥在廣華醫院的病床上，意識到已是他人生中最後一分

鐘，親朋好友紛紛圍着他，他正在講最後一句說話向親友交代。他告訴大家：「其實我一輩子都很有創意，做了很多事情，例如幫地鐵提升形象、吸引別人來買我推廣過的波鞋品牌、服裝品牌，也推銷別人買我客戶的樓盤，這就是我的一生……」就在那一刹那，他就醒了。毋寧說，他是蘇醒了。醒了之後他一直想：原來，若果我繼續在廣告公司做下去直至退休，到死那一刻，這就是我的成績表，這就是我一生所做的事情，不就是為他人宣傳、為他人推銷生意。把我的健康、熱情、時間押下去，除了金錢回報之外，原來價值就只有這麼多，對我自己的意義近乎沒有。

那一刹那他就在想，如果要找工作的意義，必須要從現有的工作範圍去思考，可以做多一點甚麼。作為一位平面及視覺設計師，擁有說故事、宣傳的能力，究竟可以做多點甚麼？

當然，他與商業客戶共事的時候都很認真去做，不過，為甚麼不去做一些對

得起自己、對社會更加有意義的事情？

為甚麼不？

轉念之間，他決定要在商業創作人的身份以外，訂立個人目標「人的和諧」，透過創作去推動社會進步。「在廣告行業中，所謂的創意全部都是商業行徑，那一刻我覺得我一定要改變，不可以畢生只是幫別人達成商業目標，為了賺兩個錢就成為商業創作人。」他執意從廣告行業的大染缸另尋出路。

為甚麼是「人的和諧」，他不能完全切實地解釋，但空穴來風，未必無因，從他身處的環境中或可稍見端倪：他是一個在傳統貧窮家庭長大的孩子，爸爸外出工作，媽媽是不識字的家庭主婦，二人不能互相理解，時有爭執。黃炳培在小時候已要每天面對紛爭。長大後他進入廣告行業，見盡了名利鬥爭，太多的關係政治，儼如上演真實版「宮心計」，人的意志、努力與時間，居然就要浪費在永無止盡的鬥爭中，只為了個人名利和權慾。為甚麼就不能用這些心力來建設更

美好的社會？想着便覺得可惜。這些外在因素都令他深感人的和諧的重要性。

與其說「又一山人」是標奇立異的藝名，倒不如說這是一種使命，是他為了時刻銘記及實行自己的初心——要為人的和諧而奮鬥。名字就有了修行的意義，一天懶惰，一天對不起這個名字。不能忘記，也無法忘記。

別人用創作人、藝術家、設計師、廣告人來稱呼他。他是創作人嗎？是的。他是藝術家嗎？人家說是的；但他形容只是做個人創作，不是。他主要的使命，不是創作，而是傳道。他形容自己是（沒有專業牌照的）「社工」，都是參與更美好的社會的工作。

我不是神父或僧人，
但我用自己的方法傳道。

嚴格來說，我不是在做創意教育，我是在做生命教育。

雖然他改了名字，訂立了人的和諧的大方向，但他還是有點茫然，不知道應要從何入手。別人看他一帆風順，要風得風，實際上他一如所有人，在實踐目標的中途都經過多番轉折，有時只能默默把人的和諧放到心底最深處，等待時機成熟，再去正式啟動他的工作。要實踐抱負，心裡必定時刻都要有實踐的準備。於二〇〇〇年初，又一山人終於等到適當的時機，開始創作《香港建築紅白藍》系列，希望為社會帶出正面積極、共同建設香港的訊息。

人生

本來就是苦

逃避痛苦，可以說是人類的天性。身體稍有疼痛不適，我們立刻想辦法舒緩痛楚，一顆止痛藥吞下肚，過後看似回復生機。打工仔下班後，兩杯下肚，似乎就能消除壓力與不快。酒精固然是抗抑鬱劑（心理上），然而酒醒後的宿醉及頭痛，往往造成另一種痛苦。常說，酒入愁腸愁更愁。面對痛苦，人們習慣性地逃避，甚至壓制，不斷地繞路。面對痛苦，其實我們都很「淆底」。

Stanley 於一九九五年為生力啤酒創作廣告，推出的黑啤以不苦澀作為賣點。當時市面上其他著名品牌的黑啤，大眾都不習慣其苦澀，因此不苦便成了一大亮點。廣告內容大概是一個人死後到了十八層地獄，獄門打開居然見到眾「人」吃喝玩樂，大魚大肉，無不舉起手上的黑啤暢飲。廣告結尾彈出一句口號：「人生本來就唔應該係苦。」客人對該計劃書感到很滿意，這句口號正好捕捉了大眾討厭苦澀的心理狀態。對呀，人生為何要苦澀呢？

呈上計劃書後數天，Stanley 在一剎那間，忽然從過

生力黑啤 TVC ↗

份專注工作的狀態中抽離，捉着他的外籍創意同事拍檔表白，腦海裡盤旋着一個問題：人生本來就不應該是苦的嗎？人生應該是苦的吧！到了生老病死人生必經的痛苦階段，我們還能逃避嗎？

一直在思考這個問題的 Stanley，終於在大約十年後，因為開始學佛而得到領悟。話說他參與了一個為期十天的短期出家活動，主持人是來自馬來西亞的一位南傳佛教達摩灑甘露尊者，他為人刻苦，對自我的律性要求很高。每位參與者均需要持續打坐頗長的一柱香時段，雙腿又酸又軟，全身肌肉感覺像熱鍋上的螞蟻，只待火光一滅，便重獲自由。肉體上承受着痛苦，心裡當然也無法好好安頓下來，如同被困。某日師父開示時着意地問大家，為何自己要「攞苦來辛」、「攞監來坐」？師父彷彿猜到眾人的心思，不疾不徐地說起話來：「佛教常說脫離苦海，不如我們來談談苦吧。」

當時包括又一山人在內，眾人一時間也反應不過來。師父繼續說，「為甚麼刻

意要大家盤起雙腿承受痛苦？試想像一下，在日常生活中苦是無處不在的，而在盤腿的過程中，大家更加深刻、專注地察覺到苦的存在。當你不斷經驗、忍受着雙腿的痛，正好能夠令自己學習如何去明白、感受、面對雙腿的苦，從而找到方法去面對及經歷。今天你有能力去考驗自己，不斷的體驗鍛煉面對苦難的意志與決心，將來會否更有能力去面對諸如生老、以至病死和更大的苦難？」全場鴉雀無聲，但眾人心裡都倏地豁然開朗起來，開始慢慢去思考生老病死的意義和如何面對。

生老病死是人類的最苦，無可避免，只能學習面對。生，我們的出生便像被拋擲到世界中，無法在我們出生前選擇我們的身體、樣貌、家庭、環境。有人打從出生就已經失去四肢，就像著名作家及傳道人力克・胡哲（Nick Vujicic）患有先天性四肢切斷症，四肢無法像正常人般發育，一步一艱辛。有人出身家境貧困，終日要為生活奔波；也有人像又一山人般，自小已有學習障礙及無法適應乘坐交通工具的困難。打從出生，我們便需要終身學習跟種種與生俱來的障礙共存，也

要學會在這些困難中一步一步改進，活出自己的生命。

老去就如流水無法抵抗地心吸力般不能逆轉。年輕時充滿活力的體魄，可以沒日沒夜地消耗，彷彿青春是花不完的寶藏。到了某一天，我們赫然發現自己已不再像從前那樣，能捱更抵夜地工作或玩樂，臉上開始長着如葉脈般幼小的皺紋，每天照着鏡子，又好像加深了一點點。身體上開始出現各種小毛病，肩膀的疼痛，天氣轉換時關節的不適，走快兩步已開始氣喘，諸如此類。歲月的殘酷刻劃在我們的身軀上。漸漸地，縱使不願意，縱使不由自主，也要學會與自己衰退的身體來個大和解，與之共存共生。

疾病是肉體上承受的痛苦。躺在病床上動彈不得輾轉反側，癌症病人做化療時的痛不欲生，長期服藥所帶來的副作用等。在飽受煎熬時，每一分每一秒都像要盡力捱過——也許有一秒覺得自己快要撐不下去了。但疾病過後回復健康時，又會豁然發現，只要咬緊牙關，就過去了。原來，自己也能撐得過。做人做事，

不也是如此嗎？每當自己覺得快要撐不住的時候，提起勇氣面對困難，在不知不覺間就已經成為了過去。

死亡是心靈上承受的痛苦。已逝的人，不論因老去、疾病、意外等各種原因，離去了就如塵歸塵土歸土，再也沒有感覺。痛苦的往往是仍然在生的家人朋友、親密夥伴，他們面對摯愛死亡，傷心欲絕，牽腸掛肚，時而悔恨並沒在對方仍在生時好好對待，時而難過對方肉體已經不在，但回憶仍在盤旋而生的空虛寂寞。死亡，最終會令我們更加珍惜眼前人，更加懂得善用時間，在仍然有機會的時候，去做一切力所能及的事情。面對死亡，思考死亡的本質，就能了解到活着的意義。

究竟我們祈求擺脫痛苦，獲得自由是甚麼呢？自由便是，當痛苦無法避免，當身體的疼痛與衰弱日益加劇，當心裡的愁苦與壓抑形影而至，卻不再對各種無常的苦難「淆底」，與苦難共存而自在，在內心中好好安頓自己，安頓苦難，便是把自己從牢獄中解放。

大家常視幸福快樂
為理所當然，
但病苦終將無可避免，
沒有準備好迎接苦難，
沒有想過方法去面對，
也就沒有學習到做人的準備，

那還會去想甚麼叫做活得更好及更有意義嗎？

→**一本家書**｜**二〇〇六**｜常言道：「子欲養而親不在。」／冥鏹衣紙燒給先人的有大屋、工人、私家車連司機、金錢，還有金「捞」和名牌波鞋。／不知道古時的「養」和廿一世紀的有沒有兩樣？／我只知「子欲愛而親不在」就更加遺憾。／希望藉着這本衣紙做成的「家書」，給我們聯想一下，趁「不在」還沒到來的時候，和親人多點溝通，寫多封信，寫多個 email，發多個 SMS……

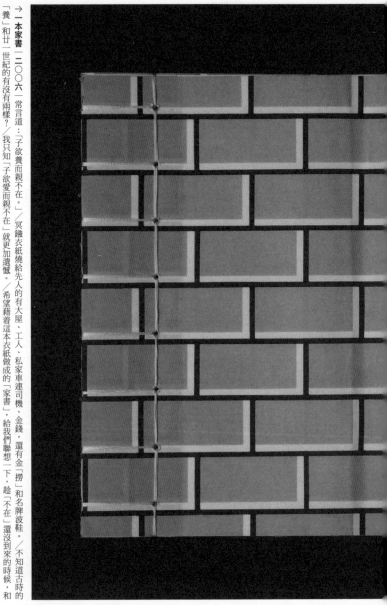

施比受更有福

放下的修行

某年，又一山人與還未成為太太的Jessie、未來外母一起到紅磡香港體育館（紅館）聽星雲大師演講，全館滿座，全晚重點主題是「施比受更有福」。

施比受更有福，是從小聽到長輩會說的教訓；《孔融讓梨》這個成語故事，也是長輩經常用來談及這個課題的例子。《三字經》有云：「融四歲，能讓梨，弟於長，宜先知。」東漢末年的孔融，天生聰慧過人，小時候已經能言善道，才思敏捷，懂得許多詩詞歌賦，而且待人有禮。才不過四歲的孔融，已經懂事得將比較大的梨子讓給哥哥弟弟，這個故事傳頌千古，成為教育孩子的例子。

這裡說來，Stanley 有一件鮮為人知的軼事：當他仍是J. Walter Thompson 的助理創作總監，在其創作總監拍檔離職後，Stanley 便繼續帶領團隊處理地鐵項目。當時的行政創作總監，亦即部門的大老闆召了他入房，說讓他坐在原本拍檔的房間，Stanley 下意識便問對方：「那另一團隊的助理創作總監怎辦？」對方納悶：「關你甚麼事呢？」原來，Stanley 認為該位助理創作總監比他先進入公司，

同等職位，大家年紀又相若，應該把房間讓給對方。大老闆無可奈何，結果就將那房間給了該位助理創作總監，而 Stanley 仍舊與團隊成員坐在大堂。多年後，Stanley 跟圈子外的友人說起，友人都笑他傻。「我也不知道為甚麼我那麼傻，可能這便是我的原則吧！人應該要互相尊重。」

在今天爾虞我詐的社會，施比受更有福的道理知易行難，做到的人又有多少。

聽星雲大師的演講時，又一山人還未成為佛教徒，只知道整晚大師都在用淺白的方式講課，而且氣氛很莊嚴、儀式很隆重。演講完結後步出紅館，他有點無知：「施比受更有福，不是人之常情嗎？在我心裡每個人都應該要做、要同意

→**一碗生命**｜**二〇一六**｜吃一碗飯・生命得以延續／喫一碗茶・身心靈為之飛揚／／往內・從外／／從內・往外／／有來・有往／有受・有施／／碗裡頭的／可往肚裡吃／可以栽出生命／／一家三口是家／三代同堂是家／大地眾生萬物正是家／／大家・才是家

的，何苦勞師動眾遠從台灣帶了整個僧團來講這一課呢？」單純的他沒有理解到這次講課的含義，原來大部份城市人都不會以施比受更有福來作為行動的前提。這個疑問間接令他日後更留意社會的狀況。

多年觀察以後，他才發現到，真實的世界與施比受更有福的世界相距很遠。

二〇〇〇年他開始做個人創作，社會分裂、不夠和諧，妙藥是拉近兩個世界的距離，於是他創作正面積極的「紅白藍」。

施比受更有福為甚麼難以執行？核心在於擁有及放下。

一行禪師曾出版《放下心中的牛》一書，書名源自其中一個故事，原文是這

樣的：「有一天，佛陀和弟子在森林修習，有農夫匆匆走過，問佛陀：『有沒有見過我的牛？』佛陀反問：『甚麼牛？』『我擁有的六隻牛跑掉了，種植三英畝的芝麻給昆蟲吃掉了，我失去我的所有。』佛陀說：『我沒有見過你的牛，或許到另一邊去找吧！』農夫走後，佛陀對眾弟子微笑說：『你們是多麼幸福，沒有牛可以失去。』」

「本來無一物，何處惹塵埃？」從來未曾擁有過就不會擔心失去，是顯淺的道理。不斷追求，權貴、色慾、物質，貪是城市人共識的價值觀，強調擁有才是身份、快樂，不施只受，擁有一切，是都市人的普遍追求，最令人難過的，是因為自我膨脹而失去原有的豁達包容。

退一步來想，擁有愈多愈怕失去，不正是如此嗎？不擁有可能才是最簡單快樂。

選擇即是放下。誰不想擁有一

切？要最聰明，要最富有，愈這樣想，愈跌進死胡同。人生應該是不停地去擁有嗎？人生其實應不斷的放下，不斷學習不去需要，人生可以好簡單。放下、減少就會來得自在快樂，我們

是擁有得太多了。

於是，換個角度去想，施比受更有福不是外界要求的準則，更是一種反求諸己的精神修行：學習不去擁有，學習去體諒對方從而給予，學習付出、回向。

大家衝衝衝的時候沒有停下來，看看自己，看看別人，如果你能意識到切身與周遭的處境，就會發現各有不同的觀

點，每個處境都能感受及思考更多。這就是為甚麼值得法師要語重心長提醒大家，以佛的教學方法來使我們明白。觀察自己，關顧他人，學習放下，就是施比受更有福的修行意義。

重新出發

四十歲人，零的感覺。

剛踏入四十歲，Stanley 就決定了要重新出發——離開廣告圈子，他要成為一個導演。

孔子說，四十而不惑。一個人度過了四十個寒暑，走過了人生的一半（如果不是過半），經歷了世間人情冷暖、社會動蕩、困難挫折，終於明白自己最想要的是甚麼，認清了自己的目標，更加務實地實踐，而且更能體會到，人活着，不單是為了生存，更加是為了回報社會大眾。

放下不是放棄。無求不是無要求。

四十歲那天，Stanley 屈指一算，自己已經在廣告和設計行業裡打滾了二十年。回想這二十年間，他非常投入和「賣命」。可以投入到甚麼地步？可以是，

他跟同事午餐途中，忽爾見到行在前面的人拿着一份報紙邊走邊看，Stanley 剛好窺見一版未看過的廣告，便好奇注視，心裡想的都是，這一行的市場做了甚麼？這個客戶的廣告商是不是競爭者？競爭者做了甚麼？Stanley 一直跟着對方走，走着走着，竟已離開了隨行的同事。也有時候，Stanley 會因為沿着客戶的思路過於投入，做到對方心目中推廣的，而不自知違反了個人的邏輯思維。大概專注於工作的人都會這樣，可是抽身再想，便深感不安。

那二十年間，Stanley 唯一的目標，唯一的責任是設計、廣告創作，為他人發聲。可是，Stanley 不喜歡廣告圈的工作，第一天不喜歡，離開時一樣不喜歡。加入廣告行業，實屬意外。Stanley 的太太 Jessie 當時在廣告公司上班，老闆得知她的男朋友是平面設計師，而剛好公司需要多一位美術總監，便問她 Stanley 有沒有興趣。Jessie 跟 Stanley 說了，起初他是拒絕的，因為他始終喜歡平面設計，出於禮貌還是去見一面。怎料對方跟他面試後，就很爽快的說要聘請他。思考了

數天，Stanley 還是答應了，原因是，平面設計只是平面，而廣告就有聲有畫，可以先花兩三年學習吧？總算是多學一種技能。本來的兩三年，一做便是十五年。

那十五年對 Stanley 來說，得着是肯定有的，學到的也很多，獎項也不少。但 Stanley 仍然不喜歡廣告圈：「回想十五年廣告生涯，當然我得到很多，學到很多事情，我幫客戶解決問題，推廣他們的產品和形象，但若果真的要我評價，我從來都不喜歡廣告這行業。從來。」不喜歡的原因有很多，比方說，商業氛圍超濃厚，更重要的是，人事關係極複雜等等。不過最大的問題，是 Stanley 意識到行業愈來愈不專業，轉行的念頭便從這裡萌生。

短短十五年，黃炳培從平面設計師躍升至頂級廣告公司的創作總監，在廣告行內有一定江湖地位，事業可算攀到高峰，黃炳培開始考慮新方向。這時候，一間世界有名的英國創意廣告公司 BBH 想在亞洲開分行，招聘創作總監。獵頭公司找上了黃炳培，

他也覺得不妨拓闊視野，見識世界級創作精英，所以參加角逐。參加角逐者數十人計，經過多輪面試，剩下兩位應徵者，之後遠赴英國總公司接受最高層面試。最終，黃炳培脫穎而出，取得了亞洲創作界最夢寐以求的職位。他的成功關鍵是甚麼？「可能因為我不太在乎。」在倫敦總部面試時，老闆問他：「你覺得我們的公司如何？」他的答案並非一輪誇獎，而是簡短回應：「very promising（很有前途）。」這次經驗告訴他，無求才是最真、最實在。◎節錄自〈紅白藍　以和為貴〉，《溫暖人間》，二〇〇六年八月。

Stanley 曾經於一九九六至一九九八年間在新加坡工作出任跨國綜合性代理廣告公司 Bartle Bogle Hegarty（BBH）（創業於一九八二年在英國倫敦，為世界最具創意表現之一的廣告公司。至一九九六年擴展至亞洲及其他市場。）的亞洲創意總監，剛好跟香港廣告行業從高峰開始下跌後勁不繼的時期擦肩而過。一九九八年回港以後，Stanley 便察覺到這個行業如行家所說的開始走下坡，那時正是九七金融風暴之後，全城都不景氣。有一天，Stanley 向一家網絡科技客戶交上提案策略，兩天後，計劃獲採納，對方這樣說：「恭喜你呀！我們很喜歡你的計劃，你們的

創意勝出了，不如你草擬一份合約，就正式開始做吧！」Stanley 所屬公司是 4As（The Association of Accredited Advertising Agencies of Hong Kong，香港廣告商會，在一九五七年成立，由本港二十八間主要廣告公司組成，宗旨在於制訂及維持廣告專業操守，執行業務守則。）成員，本身有一套收費標準，除創意外，製作成本以外加收 15% 佣金，也是行內慣常的收費。對方得知後說：「能不能談一談你們的收費？15% 是否可以調節一下？」Stanley 大感詫異，一個項目需要動用那麼多人力資源去做才能做得好，再減的話便要蝕錢做了。而對方竟然說其他公司只收 5%，對此 Stanley 又半信半疑，不是 4A 公司而是較小規模的公司吧？客戶說就是 4A 公司，而且其他公司都是這樣收費。這樣的價錢，計算所花費的人力資源，絕對不可能做出好的項目。Stanley 於是回絕了與這位客戶的合作。

Stanley 回心一想，這個行業實在是太不濟了，已差到不能再差，惡性競爭到如斯地步，大家怎樣可以生存下去？再者，減價得到的這單生意，也絕對不可能做得好，整個廣告界都陷入了惡性循環。Stanley 感慨之餘，冷靜坐下來想，

找一些對行業還秉持專業、態度正確，而又對行業充滿熱情的同行出來談談如何改善情況，不要讓行業走向死胡同。可屈指一算，行業中的二三千人，數得出來的不足五人。靠這三幾個人怎樣改變行業生態？從那天開始，Stanley 便覺得是時候要離開行業了，大氣候如此惡劣，可以怎樣再實踐自己的專業呢？

旁人或許大感詫異，一份不喜歡的工作竟做了十五年之久？對 Stanley 來說，只為一句問心無愧。「我自己做事是這樣的，擔當一個崗位，如果我覺得我不能發揮到最好，我不會放手。例如我做了頭五年，一個獎都沒有拿過，我會覺得是能力問題還是運氣問題，或者時不我與，未到那天，我就要等到那天，我要做得更出力讓我的能力能夠更好地發揮。要在這一行做到算有表現，我才會去想到底做不做下去。當我覺得在亞洲做廣告，不論從市場推廣、經濟角度看，或者從創作的獎項中看，我都對自己有交代，就可以離開了。」他認為，獲獎的重點從來都不在於展示自己有多威風，價值反而是能夠換來別人的信任，給予下一次

機會去作更多的嘗試，再而由於他在商業上的創作能力，別人給予他個人理想創作的機會。所言非虛，Stanley 的確做出了不少耀眼的成績，獲得不少獎項。

於是 Stanley 在二〇〇〇年離開廣告圈，從心再出發。他想做自己想發聲的創作。他之所以選擇電影這種媒介，是因為電影比起廣告更有承載訊息的力量：「九十分鐘的電影遠超過三十秒鐘的廣告，也不必是純粹的商業計算、其他人的商業訊息；導演、編劇可以有自己的主張，有自己想提出的話題。透過電影的聲音與畫面，能夠帶出訊息，或者與人溝通帶動話題的能力是大的，所以我想朝着這個方向進發。我拍過廣告知道聲音、畫面、時空是怎樣把控的，我懂得構圖及攝影，我做廣告都是講一個訊息，不過是代客戶去講，而電影都是講一個故事，我覺得我可以進一步做到這件事情。」他選了一個中間的過渡，加入先濤數碼企畫有限公司擔任創作總監，爭取影片拍攝經驗、正式執行及製作。二〇〇二年，Stanley 與製片合夥人正式成立三二一聲畫製作公司，並擔任

廣告導演。

他記得，四十歲生日那天，他坐的士往先濤上班，十一月的天氣很好，風和日麗，Stanley 心想，今天四十歲了，來到人生的一個轉折點，有點說不出的感受。回首過去，今天的自己得到了甚麼？今天自己站在一個怎樣的位置？狀態是怎樣？離開了廣告公司，廣告就已經成為過去，如今自己工作崗位已經由廣告人轉變成導演，可還未正式拍過，甚麼都不懂，甚麼都未試過做，白紙一張要重新寫過。四十歲人，零的感覺。無助，是最貼合的形容詞。自己是否能做好呢？

打好第一場勝仗不難，只是熱情投入機遇運氣的學問。第一

場勝仗以後的路能否一直持續堅定，不忘初衷，不被名利帶走而失方寸（如果初衷單是名利就另計），這才是難上加難。

Stanley 感到無助。有人會問，好端端一帆風順為甚麼要離開呢？為甚麼就不甘於安穩？但原來，在 Stanely 的心目中，並沒有所謂的「安穩」。

有一次，一位朋友得知他正在倫敦工作，說他一定要去倫敦很有名氣的 Bibendum 餐廳食飯。終於在一個星期六，他來到這裡午餐。那天中午前他就

到達，並叫了一杯白酒很輕鬆寫意地胡思亂想，突然他就想到：我終於來到 Bibendum，我的工作、生活，都盡在掌握中，夫復何求？想呀想，他又想到，那麼順利那麼感覺良好，未必是一直都會這樣吧？那就要有心理準備，經常提醒自己有一日可能真的不會那麼如意，可是能用甚麼方法提醒自己？

突然，他眼前就出現了一份菜單，既然這麼難得來到這間極具人氣的餐廳，就叫一樣自己最不喜歡的食物，去感受一下甚麼叫做不順利不如意吧！於是他叫了一客凍番茄湯。而其實他每次吃番茄那酸味都會嘔，可想而知凍番茄湯就更加嚴重。他勉為其難地飲完。「聽起上來好像很傻，但我偏偏做了。思考過前因後果，我覺得那次是很好的一個體驗，關於甚麼叫做無常，人生就是無常，不如意事十常八九。我相信那個經驗令我深刻地體會到每一個過程中，這些不如意的事情必然發生，人真的要好好準備，好好學習去面對。」

因此，對於他來說，不順利，也是必然的事情，那就只能好好面對。

崗位轉變了，很多事情都要重新適應。比方說，以往Stanley是代表廣告公司付錢給人拍攝製作的，現在則換成別的創作團隊付錢交個劇本給自己。Stanley投身廣告多年，經驗豐富，知道甚麼好甚麼不好；相對而言，客戶是圈內的晚輩，有時候對方經驗不足，眼高手低，都讓Stanley感到無語。兩者經驗間的差距便經常成為協調的學問，而這些關口都需要不斷去調節。很困難很無助，對不？可是，生命中想得到的，又何曾容易做到？

別人轉工大多是為加薪，可是Stanley轉工，是為了向着自己的目標，是不斷尋求進步的動力。重新出發，有何不可？只要一切都是從心出發。

「這是個人的選擇，選擇了就要負責。我跟很多年輕人說過，清清楚楚，選擇了A就不要說我沒有B，你選擇了名，利可能就沒那麼多，或者你選擇理想，不要名利，都是你自己的選擇，而不要為了沒有名利而掙扎。從零開始的那天，我退一步冷靜地跟自己說過，不要搞亂事情，是你自己選擇的，你要從零開始，

就從零開始，你離開廣告公司那天你就已經知道，承擔不起就不要離開。即使晚輩代表客戶指點我做事，我已不再是那個崗位，不能回想，因為已經變成現實，我就要從新的現實起點去做好這件事情。」

由生活跳離生存需要時間和內在價值觀配合，如果已經厭倦了追逐名利，不如開始自問如何做一個人吧。◎節錄自〈「不要說以前多棒，那是廢話」：認真生活的定義，是即使堵車仍覺自在〉，*A Day Magazine*，二〇一九年三月。

heart

art is

- listening to your
- facing your
- following your
- and
- telling your

處，唯獨是對世界抱有熱情和好奇心，受到他的啟發，我
動容時刻。”

“不如嘗試用心生活。愛因斯坦說過自己沒有甚麼過人之
們可以嘗試不作計算，重新對世界感到好奇，去珍惜每一個

節錄自〈又一山人的創意解讀〉，*LifeStyle Journal*，二〇一四年十一月。

門外看門內
門內觀門外
只視乎
你怎樣看

心無罣礙
門亦無在
無我
自有我在

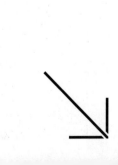

2 ANOTHERMOUNTAINMAN

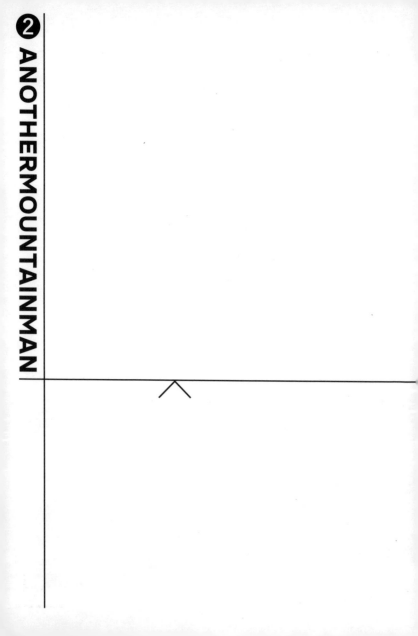

另一身份

踏上當代藝術之路

對又一山人而言，踏上當代藝術之路是他創作路上的一個重要的轉捩點，也是他從來沒有想過的安排。

二〇〇一年的某一天，劉小康邀請他參與一個藝術項目「art window」，內容是為這個活動設計標誌。該項目的策展人是Sabrina Fung，她聯繫了約二十個品牌、商場，例如G.O.D、Joyce，安排藝術家在店鋪櫥窗最當眼的空間內展出其藝術創作。

直到現在，當他回想起整個過程都覺得不可思議。劉小康除了是藝術家外，也是平面設計師，原本可以獨自完成藝術櫥窗的設計部份，但他卻找來同為平面設計師的Stanley執行。而策展人知道Stanley做視覺創作後，又給了他一個櫥窗空間做個人創作。事情來得太突然，實在是一個不尋常的鋪排。大概這就是運氣與命運的美妙之處。

Stanley獲安排在本土品牌G.O.D的銅鑼灣店櫥窗進行其個人創作，幸運的

是，這算是他在公開藝術平台的第一次發聲，不像過往的商業推廣，他能夠完全自由發揮。

二〇〇一年董建華時任香港特首，當時社會彌漫着一股怨氣與愁緒。又一山人希望透過創作去帶出香港正面、積極的一面，在這樣的社會環境下，他人生第一件正式的裝置《香港建築》就此誕生，而當時他還未正式加入「紅白藍」元素。「我搭了一個美化了的、齊整化了的地盤，有一些照明光管，貌似施工時牆上會有一些說明，字眼表達了我希望香港人會思考的東西。」字句表達的，是他對於大眾應該怎樣建設香港的想法，即使是視覺創作，也貫徹了他囉囉唆唆，勸勉世人的風格。

即使又一山人開始了他的當代藝術創作一途，但他一直強調自己不是藝術家，只是做個人的視覺創作，探討人的價值觀。「太多藝術不同的派別、群體生態，每個人對藝術的定義或者價值觀都不同，所以我不想周旋於這個系統中。」

乃至在所有媒體面前他都強調，自己並沒有意圖成為一位藝術家，其創作也不一定叫作藝術品。甚至乎有一次他在香港藝術發展局頒發年度視覺藝術家獎，在台上領獎說致謝辭的時候，他都強調自己不是一個藝術家。

我不當自己是藝術家，因為我不是要搞藝術，我只想透過它來說我想說的東西。◎節錄自〈又一山人：我不是藝術家〉，《三角志》，二〇一二年一月。

比起是否「名正言順地」「成為」一位藝術家，似乎又一山人更關心自己的創作能夠帶出甚麼訊息。

打從那天起，除卻廣告人、設計人，他多了一重當代藝術家的身份。自此，創作更無邊無垠，天空海闊。

最初又一山人覺得自己在藝術領域是外人，從來都沒有想過自己會成為當代藝術家，他坦言：「雖然我在一九九三年訂立了目標，將來要做推廣的是關於人的和諧，但我從無預計是會透過當代藝術平台去表達想法。當然當代藝術都是關

於個人的創作、訊息，但我一直以為媒介將會是電影。」

就如冥冥中自有主宰，與當代藝術相關的項目及獎項一浪接一浪的撲向又一山人：二〇〇五年代表香港參展第五十一屆威尼斯雙年展；二〇一一年香港藝術發展獎的年度「最佳藝術家獎」（視覺藝術）；二〇一二年獲頒發「香港當代藝術獎」；二〇一三年，其《爛尾》攝影系列獲香港M+博物館收藏。進入當代藝術圈子讓他不斷有機會透過自由的平台，去表達更多想說、應該說的話。

踏入二十一世紀，香港社會變得負面，他就做《香港建築紅白藍》，宣揚正面積極、坦誠溝通的訊息。十多年過去了，社會環境急速變遷，已經面目全非，尤其在近年社會運動之後，矛盾加劇，社會走向兩極化，所有溝通已經失效，大家都不再知道應該怎樣去修補關係。再談正面積極，恐怕已不合時宜，對應不了。這些年間，他沒有在香港發表紅白藍。「以前面左左有心病，會希望大家能放下成見，但現在大家之間的成見實在太大了，決裂到一個狀態，離開了能正常

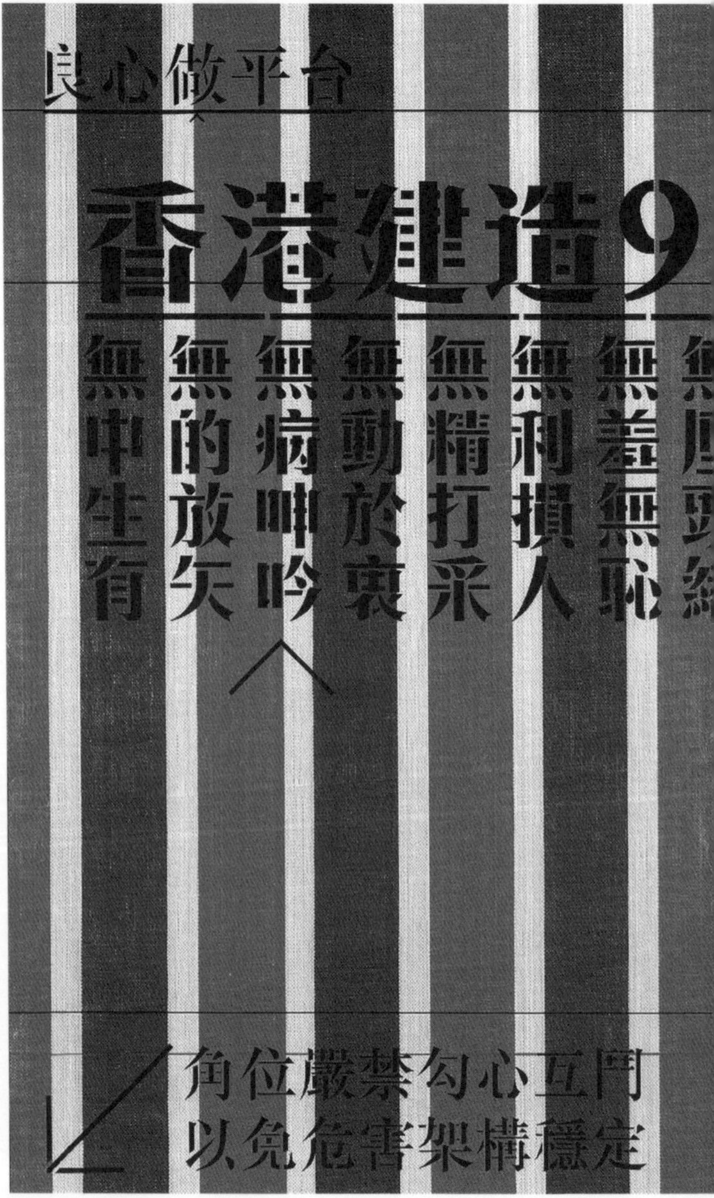

→香港建築︱二〇〇二︱建築。是新生，是明天。／建築。是庇蔭，是家，是所。／建築。中正橫豎，準繩，是角力的學問。／建築。是凝聚，不是瓦解。／建築。是一個答案，不是一個問題。／建築。是樂觀，不是旁觀。／建築。是過渡，不是終點。／香港要得建築成，每個單位就得承包一份去建築香港……／人總想華佗再世，救活人間。／我只想魯班再活，鬼斧神工，築家建國。

向右180°

筆直向上避東歪西斜

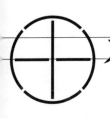

加闊氣量

向左180

先建國
後建家

請勿關閉此門
爲保自由出入

嚴禁
黑箱作業

19°97-20°47
不移不變

180° 向右180°

筆直向上避東歪西斜

請勿關閉此門

爲保自由出入

加開氣量

對話的範圍，我怎能仍是一腔熱情，百分之一百二十的理想主義去談正面積極？就算我再做紅白藍，也無力帶領大眾思緒進入正面積極這個課題裡，要換另一個角度，能夠連接今日的香港。」

正面香港。紅白藍。

紅白藍是存在、參與、耕耘和付出。

紅白藍是堅持、拼搏、和捱苦。

紅白藍是代表
我們香港六、七十年代的
每一分子。
這是我們香港回歸後，
應一直保持五十年
不變的正面積極。

觀念攝影

思考、靜候、拍攝，與自己相處。

又一山人第一次踏足攝影的世界，是在升中四的那年暑假。

當年他在學校看到壁報板張貼了一個攝影比賽的告示，下意識就決定參加。對家貧的他來說，擁有一台相機是很奢侈的事，但幸好有一位家裡開米鋪的同學願意借他一部全自動傻瓜機，而且還有家樓下的影樓小店願意替他入菲林，整個暑假他就很開心的在家附近按了三十六吓。後來將菲林沖曬後，他選了三張相片參加比賽，結果竟獲得了第三名，心情喜出望外。但同學都不相信是由他拍攝的，更質疑他沒有相機怎懂得拍照。在往後讀書時期，他也沒有再接觸攝影。

直至他二十歲進入社會工作，第一次出糧賺取了一千五百元，就很有意識立即跑去擺花街的一間二手店，買了人生的第一部相機及鏡頭，開始了其攝影生涯。一路拍，不斷拍，邊走邊拍，放假的時間全用來拍照。如是者他拍了十年，為了探求自己往後在攝影上的道路，他希望展出相片，汲取別人的意見，於是預訂了香港視覺藝術中心的場地，舉辦了人生中第一個攝影展覽，展覽中售出

的相片收益，全數撥捐兒童癌病基金。他屈指一算，計計走過的路，不論是公幹的還是旅行的，都差不多有十萬公里，故展覽就因而得名「一個人十年十萬公里路」。那一年，他剛好三十一歲。

展覽過了兩三年，又一山人開始問自己，其實為甚麼要拍照？再進而問的是，為甚麼拍這些不拍那些？他習慣不去拍攝太豔麗的影像，而是拍些爛糟糟的東西。為甚麼？

為甚麼？人活着，總得要為自己的所作所為尋找答案。那不是因為壓力而要向別人解釋，那是對自己往後要走的路的回答，是為了對自我生命負責的交代。

「我曾經每天都問自己這個問題，每天出街拍照，除了拍得美麗漂亮還有甚麼用？」又一山人也曾有過一段時間，純下意識地拍照。他會問這個問題，是他看到攝影有別於其他創作，大部份影像總是一瞬間的事情。其他創作諸如繪畫、音樂、跳舞總是事前需要經過重重努力，才能成就出作品。而在即食文化普及、

科技發展迅速的今天，一張相片，自動對焦，不用一秒按下快門，自會有軟件修正相片細節，一切有如自動餵食，攝影似乎不再需要思考地手到拿來。

如果你有一個清晰的答案，對你往後的攝影必定有幫助，因為你會歸納出原來自己不是甚麼都影，攝影也不再是無意識的行為。不用立即回答，但自

己必須帶着這個問題不斷去問自己，為甚麼要拍照，然後終有一天你會找到這個答案。

「在我舉辦了『一個人十年十萬公里路』的展覽後，主要都是發表比較概念性的相片。一個人，一件事，一樣物件出現在我面前，停下來，然後仔細、認真地去感受、去尊重。攝影對我的意義，是幫助理順我想關注、感受的事物，按下快門的一刻就完成了。可能那不是一幅最好的相片，甚至不是很重要的相片，但對我來說，就是有意識並且認真投入其中的相片，是支撐了我做所有創作的修正與歸納過程。」

一九九六年，是又一山人攝影途上的一個新階段。那年他正式離開香港到新加坡工作、生活，也開始轉用了一台哈蘇（Hasselblad）中片幅菲林相機。

透過工作上的合作，他認識了香港很重要的攝影師、藝術家及文字工作者李家昇，他曾在太子台開設OP Gallery，致力於在香港推廣「觀念攝影」，曾創辦獨立攝影雜誌《女那禾多》。對於觀念攝影能在香港萌芽，他實在功不可沒。當時作為觀念攝影的旁觀者的又一山人，首次認識到在記錄、商業形式以外，原來可以有這樣與眾不同而又富象徵意義的攝影模式及內容。

又一山人回流香港那年是二〇〇〇年，而李家昇即將要移民加拿大，於是對方便將父親給他的一台擁有逾六十年歷史的8×10（菲林尺寸是8×10英寸）大片幅相機轉讓了給又一山人。當又一山人有了觀念攝影的意識，便開始了使用大片幅相機拍攝的計劃，拍攝「爛尾樓」、「本來無一事」、「拾吓拾吓」等題材。

「為甚麼我要使用大片幅相機？最初我的想法是，如果是觀念攝影，大片幅

↑**敦煌再上路**｜**二〇一一**｜曾幾何時，這是一個興盛的地方，／曾幾何時，這是東西交會的地方。／經濟的、文化的、宗教的……／／時至今天，這是一個待再發展的地方。／時至今天，這是一個被邊緣的文化寶藏。／／當日為世界搭橋的地方，今天正為自身重新搭橋再上路。

相機更能呈現出畫面的精緻度。今天數碼相機性能已經很好，所以對於精緻度已經沒有太大問題，但在九十年代，數碼相機技術還未成熟，舊有的 120 菲林相機仍然未能滿足我對精緻度的追求，所以若果真的要拍觀念攝影題材，我就會出動大片幅相機。」又一山人如此解釋。

以今天的相機技術而言，已經足夠與大片幅相機相提並論，甚至有朝一日會超越，但他一直堅持觀念攝影題材的相片必須使用大片幅相機拍攝，其實已經超越了對精緻度的追求。在這之前，需要先說明一下大片幅相機的特點。首先最顯而易見的是，大片幅相機非常笨重，不方便攜帶之餘又極耗體力，而且拍攝過程極繁複，拍了兩張相片就已經要換菲林，這個過程需要十分鐘。而這種大片幅菲林也不容易訂購，攜帶大量菲林到現場也不易。所以拍攝者必須非常慎重地思考自己到底想要拍攝甚麼，拍攝的過程也必須非常專注，無法即時重看檢查之餘，也因換菲林的時間長，不允許重來，故此不容有失。

到了今天，仍會有人問他為甚麼還要使用極複雜又麻煩的大片幅相機，明明已有極方便、而且性能卓越的數碼相機，為甚麼他仍要堅持不懈地辛苦自己？對又一山人來說，使用大片幅相機極具象徵意義：「對我來說，這讓我知道我有多重視某一個題目。因為過程是刻苦的，不是我從背包拿相機出來按下快門就收工。」舉例來說，在《本來無一事》中，他堅持每遇到告示板上一張告示都沒有，才安排拿大片幅相機拍攝，試過當他捧着大片幅相機回到現場，剛好已貼上了新告示，那就要被迫提早「收工」。

「例如《爛尾》，相片中有很多街坊人物出現，我必須要很專注，每刻都要進入心理狀態，才能拿捏到有人在場的畫面，技術上不可以有任何錯失，因為每次入兩張菲林的過程都要十分鐘，眼前的人我最多只能影兩、三張，而不是影三十張，然後再慢慢挑選。所以這是一個挑戰，對你集中精神去做一件事情的要求很高，我很享受這種挑戰，過程中我怎樣去處理自己對自己的要求，怎樣與自

己相處，其實都是修行。」

又一山人第一次到敦煌，被當地沙漠中的口號標語所震懾，卻堅持不拍攝任何相片。當時的他思忖着總有一天要帶着大片幅相機來拍攝。終於他付諸實行，幾年後帶着大片幅相機再一次到敦煌，在沙漠抵受着酷熱天氣重裝上陣，思考、靜候、拍攝。每一秒，既是艱難，也是享受。在樂趣中鍛煉意志，在苦難中尋得樂趣，苦樂並存，人世間的修行不過如此。

學習攝影

學聚焦，用心拍。

一個地方的時代精神，不在於在大環境中展現，而在於日常生活中一點一滴的細微變化。而攝影，給了他一次又一次學習客觀及細緻地觀察人與事的機會。「永遠不要只看事物最好最美麗的外表包裝，也要學會走入大街小巷，感受真實的、貼地的大眾生活、去感受他們的感受，這是我攝影的出發點。所以我不會拿着相機只在中環走，半夜也會去深水埗看看，看看巴基斯坦人怎樣賣二手冷氣機、雪櫃，看看另一個世界，另一方面的現實，不然就會變得自說自話。」

又一山人攝影，但也不攝影，因為對他來說，能否攝下宏偉構圖、驚世題材並不是最重要的，重點在於用心：是否用心去看去經歷去感受眼前人、情、事?他這輩子永遠忘不了兩張相片，他可以選擇拍但最後還是按不下快門，原因在於感受勝過一切。

第一張，是某次又一山人到埃及時發生的。他是這樣的一位遊客，不「安守本份」，沒留在旅遊熱點、名勝古蹟，反而執意跑到偏遠的窮鄉僻壤，走入尋常

百姓生活的地方，連接載他的司機都大感詫異，因為擔心他的安全，在他閒逛時沿途在旁以極緩慢車速緊貼隨行。又一山人走過破落的市集，走呀走，走到了小路的最盡頭，眼前二十公尺，一個村婦搭着一個小孩的肩膊坐在馬路旁，二人幾乎不動。又一山人心想，這不就是最能夠突出地方人情的好畫面嗎！正打算舉起相機，他卻看到了小孩的眼球附近有一堆蒼蠅正在爬行着和盤旋着，定睛一看，相信這個小孩眼睛出了毛病，他沒一點知覺和反應，好可能他已看不見東西，二人十分無助。因不想騷擾他們，又一山人最後放棄再走近，也沒有按下快門，多望二人一眼便轉身離去。

另一張則是某年香港有遊行時發生。那天，又一山人原本要回瑞安中心上班，剛好遇到外面遊行，街道上的情景令他非常感動，他也不自覺地跟上大隊。途中他遇到一位牧師正在拿着咪高唱 *We Shall Overcome*，感覺十分悲壯。那刻他按了第一下快門，對焦失敗，準備按下第二次快門的時候，就再不能自己，眼

淚開始掉下來。他向對方點了點頭就離開了。

> 我相信四十年影相的過程，無論是前面觸動我的人、事、物，到呈現在面前的情感，帶給我的都是我在用心地去觀察，別說最後出來的是作品、是展覽或者大家看後有所得着，這個不最重要，重要是你透過攝影這個過程用心去看世界；亦是去感受在按下快門的瞬間，甚麼叫做當下。◎節錄自〈又一山人@溫暖人間攝影比賽〉，《溫暖人間》，二〇一八年七月。

學習攝影，需要學習聚焦。但就如攝影一樣，如何在第一身經驗中將感覺、目光聚焦，也是一門學問。又一山人解釋：「甚麼叫苦？甚麼叫悲？有時候，你去到現場就知道。我覺得置身現場的感受，放下相機，靜靜聽他唱首歌，與他點頭離開，比起只顧着拍照更加重要。應該尊重他，所以認真去感受他正在做的這件事。如果那時我選擇了按下快門，感覺、感知影響會很不一樣。」

很多人認為，拍攝就是擺好器材，然後技術性地完成工作。曾經有位攝影大師說，攝影不是相機拍的，而是用眼睛拍的。當然無可厚非，所有事物必須先親

眼目睹，才能完成這個記錄。但問題是，怎樣去看？為甚麼你會看到這樣，而看不到那樣？為甚麼同樣的事物，有一些人看到，另外一些人卻看不到？又一山人一語中的：「**攝影更加是用心來拍的，你的心看不到，你的眼睛怎可能看到？你在意甚麼，就能夠看到甚麼。不要忘記，這些事物一直都在，你只是未曾在意罷了。**」

我很喜歡拍照和到處逛逛。我認為 Johnnie Walker 該贊助我「keep walking」，因為這就是我。我常說自己就像《阿甘正傳》裡的阿甘一樣。我走在外面時沒有特定的目的地，只是單純享受每天，因為走在城裡的同時，我一直在吸收在學習。◎節錄自〈黃炳培：「我就像阿甘一樣」〉，CNNGO，二〇一一年八月。

又一山人很欣賞香港一位同輩的紀實攝影師余偉建（現職美聯社攝影記者，曾獲世界新聞攝影比賽 World Press Photo 的獎項。），認為他就是用心拍攝的絕佳例子。「我經常都在拍攝現場看到他，在街頭由不認識到相識；他真的瞓身拍攝，不只是旁觀，他拿捏到那個 moment，不是偶一為之的幸運，而是全心全意在那裡。用心去拍攝與用心去看都是一樣的。」

又一山人經常看到別人看不到或沒興趣看的東西，於是在他身上常常出現像這樣的一種奇特的情況：走在高檔的中環畢打街街頭，他忽然止住腳步，彎身蹲在路旁注視，然後緩緩拿出相機拍照。拍甚麼？可能是牆壁上無人留意的手寫字，可能是一件被世人遺棄的荒廢之物，也可能是從石屎森林的夾縫中探出頭來的一株小草。在急速流動的城市中，他用相機凝住了一刻被遺忘的風景。

別人眼看他十分狼狽，似是「有失身份」。他對此倒是不以為然：「**為甚麼你會如此在意其他人在意你？是否必須要符合某種形象才叫做恰當？太多規範，太多無形的所謂對與錯，但其實那不過是自己對他人投射的一種幻象，反過來又縛着自己。如果你介意你就會失去了一張相片。**」

「我喜歡拍照，就訓練到我看到的比一般營營役役的人多。攝影的經驗多了，令我能夠更加平衡地去理解事情；感受得更多，令自己想得更多，判斷身邊事物及自己時都能更加透徹。」又一山人這樣說。

攝影的精髓，並不止於構圖，更在於是否用心去觀察四周的人與事。自從攝影為他擴闊了心扉，他就愈來愈感到這世界的包容能力很低。他在照片中看到了人的脆弱。他跟商業項目拍照片或宣傳影片時，有時會為了表達某種氣氛及強化構圖的張力而裁去畫面中人的額頭，廣告公司的創作隊伍總是趕緊來制止他。他對此感到疑惑：「為甚麼連很開明的創作人都說不可呢？我們看的歐美電影都會在拍 talking head 時裁得很 close up 吧？」他後來便發現，原來大家覺得要完整展示頭部包括頭頂，可能是基於日常看得最多的電視新聞報導或訪問時追求完整、紀實的慣性，於是偶一偏離「標準」，人便容易感到極大的不安，甚至二話不說跑出來指摘這是錯的。

接受能力低也源於個人主觀性過強，急於下判斷，無法冷靜客觀看待世界，攝影給又一山人的訓練，也在於練習客觀。他曾經參與一個公共建築工作坊，參與者是經過多層篩選的精英年輕創作人。那天天氣炎熱，又一山人帶着一眾年輕

人去廟街、石硤尾邨及志蓮淨苑考察，以探討公園的可能性。眼前有一位年約七十歲的伯伯悠閒地坐在屋邨平台的鐵長凳上半合着眼休息。其中一位熱情高漲的參與者硬要堅持，這位老伯已經病到走不動，並一直在曝曬，十分可憐。聽他這樣說，又一山人感到十分無奈：「**我們很多時候或多或少都是主觀地判斷，很難將心比己，對人對事都不包容不豁達，很快就下了對錯的判斷。最大的問題是，你不是阻礙了其他人，你是封閉了自己，沒有給予自己更多的可能性。**」

在又一山人的相片中，永遠都比現實看到的要平淡溫和，他的世界永遠沒有大紅大紫的嬌豔。「我心目中的世界不會太嬌豔太開心，我同意太苦也不應該，但必須明白世界是苦的。你要面對一個不如意不理想不完美的世界，應該要學會沉澱，不要太過曝露一剎那的嬌豔、歡樂，所以我刻意調淡了顏色，這是我的美學，也是我看待世界的方式。當然，照片中不多不少會帶有攝影師的主觀願望，但你要明白自己為甚麼要這樣做，不要盲從別人的方法。」

↑**油街結束**｜二〇〇〇｜事源。事緣。／人家常說懷胎十月之準媽媽是格外的美，／我倒覺得一個床上臨終的病人份外「甚至絕對」的誠懇和真……／這相當於我對油街藝村關門倒數十天的一些感覺。／／不知甚麼驅使我記錄下那裡的一景一物。／可能是它背後那不滅的精神，一班人的凝聚力量，那份誠懇和真吧……／／讓油街藝村的靈沉澱……／讓油街藝村的靈沉澱……

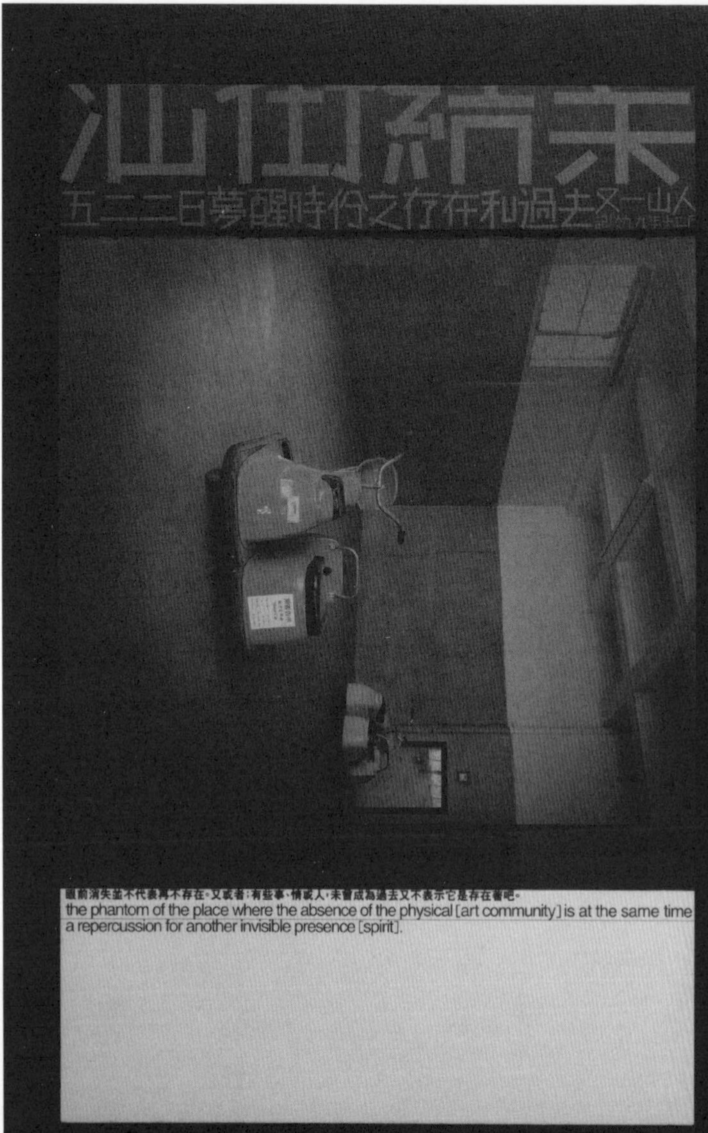
油街結束
五二二日夢醒時份之存在和過去又一山人
眼前消失並不代表再不存在。又或者：有些事、情或人，未曾成為過去又不表示它是存在着吧。
the phantom of the place where the absence of the physical [art community] is at the same time a repercussion for another invisible presence [spirit].

「藝術即修行。」——朱銘（台灣現代藝術雕塑家，擅長透過不同物料如銅、不鏽鋼等來進行創作，其融合文化精神與太極招式的「太極系列」，以及表現人生百態的「人間系列」，也備受讚賞。）

藝術是修行，是生命的感悟與體認。又一山人對朱銘老師的說話一直銘記於心：「他說得很對，藝術是表達自己的真心所想，拿出自己真心希望跟大家對話的題目，而不是為搞題目而出現的事情。當你不斷真心去做，與人溝通，那真的是修行。過程中你會不斷理解自己，找到自己，就是這麼簡單。」

後記／還記得家母在生時，每遇席上有雞吃的時候，她必先夾起一粒比雞心小和圓一點的內臟物體，然後對我們說：「這叫『雞忘記』，吃了會沒記性的」，我想她是為了我們姊弟不會吃錯對腦袋無益，她總會隨口就把它吞進肚裡去。吃雞忘記會忘記事、情和人，對我來說，有些像古龍小說裡的仙藥毒丹那般匪夷所思。再說，我也不覺得媽吃了這麼多雞忘記，她的記性壞了去哪裡。記憶，我想是選擇性的。然而，拍照的邏輯於我來說：眼前消失並不代表再不存在，又或者，有些事、情或人，未曾成為過去又不表示它是存在着吧。將事、情、人拍在菲林膠片上，不是選擇性的記憶行為，也不是

記錄、緬懷，甚至印證它的意義和價值。拍照……是一些我和鏡頭前的事、情、人的一些感覺上的聯想，感情上的牽連和瓜葛。我想就是這樣吧。◎又一山人於二〇〇一年一月一日

從運氣和工作關係的外訪經驗，我從來都相信，讀萬卷書不如行萬里路。對現代人要加一句：click萬個page，不如走出去行萬里路。

「喜歡攝影」
「你喜歡攝影嗎？」
「喜歡啊。」
「相機呢？」
「今天沒帶。」
「何時才帶？」
「旅行囉。或者有特別事情要做，特別的地方去，才會帶相機。」
「那麼今天不特別嗎？」
「不特別呀，都是普通如常地返學。」
「那你怎樣返學？怎普通如常法？」
「就這樣搭車囉。」
「今朝搭車不特別嗎？」

「日日都是這樣的吧。」

「怎樣？講個過程來聽吓？」

「我落街搭地鐵，然後步行五分鐘。」

「哦，今天這個過程不特別，那麼與昨天、前天一樣嗎？每日都一樣？」

「一樣啦。不就是這樣囉，都是那條路。」

「你肯定今天與昨天一樣？」

「咪答咗囉。」

「連天氣都一樣？」

「咁就未必。」

「今天同樣遇見昨天的人嗎？樓下報檔阿伯他今天開心嗎？

今天有人掉了東西在街上嗎？

與其出國才算走萬里路，不如用心生活，每刻當下都在萬里路上。」

日日旅行日。

旅行是上路

旅行是體驗

旅行是探索

旅行是未知

旅行是好望角

旅行是旺角北角
旅行是天涯海角
旅行是屋企樓下轉角
旅行有時擇日定日
旅行可以平常日日

創作之談

何謂創意？·為何創作？

又一山人在八十年代加入廣告界，以地鐵廣告一炮而紅，曾經獲得逾六百個廣告及其他創作獎項；二千年他開始個人創作，以紅白藍膠袋這種廉價親民的物料為創作媒介，創造再轉化。他試圖轉化的，並不只是形式；再多變的形式，如果沒有內容承托，也不過是曇花。別人稱他為「紅白藍先生」、「紅白藍之父」，其創作曾獲多間美術館收藏。

然而，內容要怎麼出現？

靈感是創作的根本，也是靈魂所在，相比起一般創作人，又一山人有更多突破常規的視野。因此打從第一天他正式出來做廣告導演，便陸續獲很多團體如廣告公司、學校等邀請，分享關於「靈感的來緣」這回事。「冰封三尺，非一日之寒」，他強調的是，靈感並非一時三刻從石頭爆出來的，而是用心生活的積累。所謂「取緣代源」，就是靈感不是「到來」（源），而必有其出現的原因（緣）。

又一山人提出了四大板塊，解釋靈感怎樣可以從生活中累積，包括用心生

活、用心看人家生活、看看日常生活以外及抱持「Why Not」精神。

用心生活，顧名思義就是用心而非用身去生活，即是不再行屍走肉般去度過每一天。用心去留意及思索正在看的東西、聽到的音樂，即使是隨便逛逛，都可以比別人「用心」的看到更多。他舉了一個行家宣傳某品牌電池的印刷廣告作為例子，畫面中有福及祿的瓷像，卻沒有壽星公，但就用了電池代表長壽。「其實生活誰都懂得，但能用心生活，就能夠靈活運用生活中的每一項資源，並將之醞釀成點子。」

用心看人家生活，去旅行看看其他地方是怎樣的，了解當地人的意識形態、文化背景，怎樣生活，讓胸襟變得更加寬廣包容，在面對新事物時才不至於手足無措。他曾經見過一些香港人去到倫敦的中菜館大吵大鬧，不滿意餐廳的咕嚕肉有別於他們吃過的。而讓他感到難過的是，「為甚麼你的咕嚕肉是對的，別人就一定是錯的？廣州風味跟港式味道又哪一個是正宗？只是雙方的習慣不同而已。多了解人家的生活、價值觀，接受新事物的能力就會更高。」

看看日常生活以外有甚麼。很多人的每天日常就只有返工放工，回來往返，也不過是兜兜轉轉。又一山人眼見，很多設計師只會不斷縮窄自己的範疇，只專注於設計方面。他常笑言，只要看看一個人的書櫃，就知道他有多少斤兩。若平面設計師的書櫃上有很多建築書、文學書或其他書籍，足證這個人的眼界更廣闊。「一次有一個學生挑戰我，問我『若設計師很專注於鹹書又是否可以？』我這樣回答：『如果你很認真去投入情色也是可以的，關鍵是轉化和提煉出新的境界，情色攝影師荒木經惟便是很好的例子。』」

最後便是「Why Not」精神，不斷去破解、不斷去問為甚麼不可以，是相當重要的事情。只有堅持為甚麼不可能，才能將原先平凡的東西轉化成創新的意念，否則只會被局限在某個框架內，就算有好的意念，也會被自己「自我審查」，最後消失於空氣中。

問他的創作心得？其實沒有，因為他不是為創作而創作，不是「心得」。他

有創作八句，別人看了，卻無從入手。到底甚麼是創作？

創作可以是
畫個三頭六臂的E.T.
創作可以是
說說深情和摯誠

「創作可以是畫個三頭六臂的 E.T.」強調的是形式表現的突破性，E.T. 本來就等於史匹堡，它集大成加起來，就變成全新概念的宇宙生物。三頭六臂意味着以形式不斷去產生變化，應該是無窮無盡的，沒有所謂的「不」。

「深情和摯誠」，又一山人借用傅庚生（中國古典文學研究專家，在著作《中國文學欣賞舉隅》提及：「以感人之深淺，衡量作品之優劣，十九得之。作品之感人深，自於作者之至誠……不源於深情，不出於至誠，而冀其作品能感人者，是東向而立，而求見西牆也。」說明只要有深情及至誠，就能得出感人的作品。）的一篇文章題目《深情與至誠》，以重內心感情的角度去看，不只是講形式，更要講內涵。而內涵的部份是比較少設計師去探討的。為甚麼少人談「內涵」？對一部份人而言，創作只是商業手段，為了推廣一件商品而出現，內涵是甚麼不是最重要的。創作有時也不過是文化、藝術世界的把戲，把玩很外表的符號，只為了能夠推上國際拍賣舞台，談不上內涵真摯。創作，其實是一件關於人生的事情，這便是內涵的意有所指。

創作是海闊天空
創作要呼吸時空

海闊天空，即是創作要看看不在自己固有世界系統中、其他人的民族文化，

也看看建築、音樂、表演，要從多角度去看，擴闊視野。

呼吸時空，要針對甚麼時候應該要做甚麼事情，一個創作只有在特定時空中才能產生對人們的意義。當時社會充滿負面氛圍，又一山人要為社會帶來正面積極的訊息，所以就開始做紅白藍。二〇一八年他更跟夥伴龍景昌和三三開始着手啟動紙本媒體平台《就係香港》，一方面對應今天主流媒體的視野狹隘及片面；另一方面，他們要帶出原來香港還有很多值得大家去發掘及思考REvisit／REthink／REcreate 的角度。而這，全是因為又一山人出身於廣告行業，時、地、人就是最重要的考慮因素。

創作可以無厚入有間
創作不可以劃分空間

創作可以無厚入有間，是源自莊子《南華經》中的一則寓言《庖丁解牛》。戰國時期魏國有位宰殺牛隻技術高超的庖丁（廚師），普通廚師的宰牛刀一個月用鈍了就要換另一把，但他的那一把已經用上十九年卻仍然鋒利。為甚麼可以用上十九年？秘訣就在於其順應牛隻的肌理結構而宰割。他的理論是，一隻牛必然有肉、筋與骨，而這三者之間必定有縫隙，如果能夠依順牛隻的天然結構去宰割，刀刃就自然如無厚刺入，寬綽有餘地於其中運轉下刀。「一個創作去到一個境界，就像一把刀無厚，如果你能夠做到以上四大板塊不斷累積加強技能、知識及經驗，你的刀只會愈磨愈鋒利，能輕易遊刃有餘地應付創作問題。」

「機會是留給有準備的人。」——楊利偉

創作不可以劃分空間。二十年前剛進入電腦世代，又一山人已經意識到所有推廣技能將會改變，變得不再單一，一場 catwalk、一個藝術展覽已經可以成功推銷品牌。所以創作不應該劃分空間。不論電視廣告、海報廣告、公關項目，又

一山人都希望以多角度的思維去交出方案。要不斷累積媒體平台，接觸面才會更廣。「有人會分商業、藝術，但在平台多樣化的今天，創作不應該劃分空間，藝術是否可以推廣商品？當然可以。所有可能性都可以發生。」

創作應是不可說不

創作應是：為甚麼「不」

創作不可以說不。很多人覺得不可能而不去做，妥協 say No，自認為不可能或不可以，去包裝一個假設，主觀認為是 No，有時不過是自我逃避。

「Some men see things as they are and say, why; I dream things that never were and say, why not.」——蕭伯納

香港教育一直被戲謔為填鴨式教育，不鼓勵學生主動思考，不鼓勵 think out

of the box。七十年代香港經濟起飛，漸漸成為國際都市，至今大多數人仍抱持「做好自己份工」的心態，不發問不尋求突破。要有「Why Not」精神，需要在特定氛圍培養，非移船就磡。「要是說，如果要別人說怎樣才可以做，還有事情可做嗎？」

「我相信我今天的狀態，如果沒有大眾值得討論或思考的課題，只是從我個人出發，或者只是關乎我自身的事，那不是我創作的動機，我不想花費氣力專注在此。就算是商業項目，我都想將訊息混在其中。」又一山人設計的 YNOT/T，會作商業販售，但同時也希望能對世人起警醒作用。

追逐名利者，視獎項、名譽、地位為首任。不屑名利者，又慨嘆社會苦無創作空間。又一山人走在中間，為自己爭取空間去衍生不同的可能性。他做平面設計、攝影，做廣告導演，獲獎無數，就為了證明自己的能力，爭取別人的信任及認可，以使他今天有機會做個人創作拍攝紀錄片，並得到藝術圈、商業圈、設計

圈給予他更多囉囉唆唆的機會。

但創作人最難跨過的，是始終無法在商業的世界打開缺口，暢所欲言，就連獲獎無數的又一山人都無法在商業項目中隨心所欲，這也是無可奈何的現實。但無奈還無奈，空間仍然無處不在，商業世界也絕不是鐵板一塊，中間有大量灰色地帶其實可以調度。但問題首要是，創作人是否每次都有心理準備，可以清楚地表達自己的想法？是不是可以堅守某些概念，確信某些理念是有價值的？

「我做了那麼多溝通創作，究竟我的單一身份及目標是甚麼？我心中自有盤算。坦白說，我是在用我的方法去改變遊戲的玩法，有計算，有策劃，甚至令它發生。慢慢就會見到很多人給我機會，甚至去到商業項目，都會採納我比較社會性的角度，或者是精神價值的角度。當然不是所有項目都可以說服對方讓方案如我所願地推出市場，我也是按部就班地分開做，讓你明白真實的又一山人是怎

樣，從而找到一個空間可以跟商業的 Stanley Wong 重疊，或者將那一套說法、訊息表達出來。運氣的部份當然有，但當你都不知道自己在做甚麼的時候，人家更加不知道你在做甚麼。除了清晰自己的方向，還要堅持不懈地不斷做，人家才會肯定你不是亂來的，從而建立個人的定位。」

創作。是商業的手段。

創作。是文化，

藝術世界的魔法、把戲。

創作。最有價值者，

莫過於對人民、對社會議題築起一個平台，提供溝通空間、分享空間、表白態度及思想空間。創作。這是關於人生的事情。

拒絕科技洪流沖刷

面對別人，面對自己。

踏入二十一世紀，仍在說「科技的禍害」，似乎有點老套。但老套歸老套，並不代表馬上就要閉嘴不談，繼續不置可否，以致被時代的洪流沖刷，失去自己的步伐。說科技帶來便利，沒有人會反對，便利不只在於能迅速把工作辦妥，更在於加快了人與人之間的溝通，只需不足一秒，就能將一方的訊息帶到地球的另一端，你來我往，人，很快就能把要說的話說完。只要有網絡，人與人的溝通不再受到阻隔，省卻雙方不少時間。

然而，省下來的時間到底用在哪裡？

省下來的時間，有好好用在互相理解的過程中嗎？

似乎沒有。

又一山人自二〇〇一年開始創作紅白藍系列，透過紅白藍膠袋這種香港本土常用的物料，展現香港堅韌的精神。他於二〇〇五年，以習作《紅白藍西遊記》參展威尼斯藝術雙年展。這個紅白藍茶室的意念，乃源於又一山人發現於馬可孛

羅名著《東方見聞錄》（又稱為《馬可孛羅遊記》，是威尼斯探險家馬可孛羅經絲綢之路遊歷中國，並擔任元朝官員時寫下的所見所聞。）中，作者帶那麼多東西回國，卻居然沒有茶這個記錄！於是，又一山人便將茶室重新帶回意大利。二〇〇五年，剛好是互聯網崛起的時候，大家經常躲在家中足不出戶上網，彷彿不再需要面對面溝通。

另一個政治的隱喻，是又一山人看到回歸中國後香港社會分裂，沒有再面對面溝通、面對面交流尋求共識，只有隔空罵戰。他心裡有個盼望，希望大家能夠再次坐下來為社會發展尋求共識——沒有面對面溝通，終究成不了事。

在又一山人的記憶中，茶樓是一家大小共聚天倫、與親朋好友相聚溝通的好地方，在圓桌子上，大家共同分享一壺茶、一籠蝦餃燒賣，邊吃邊喝互道近況，再忙也總要見面吧！黑社會講數，也愛在茶樓，萬大事，坐下來好好談嘛，總得為對方留幾分薄面，話鋒也不要去得太盡。那時互聯網仍僅限於電腦作業，於是茶室就成了一處暫別互聯網的世外桃源，而紅白藍茶室的出現又再次提醒了連繫

的重要性。然而，到了今天，當互聯網已經全面攻陷每一個人的生活，隨手拿出手機上網，已可將心意傳送到遠方。都市人邊吃飯邊滑手機，已是不能活在當下的證明，有些人即使面對面，也不願好好開口說話，會以通訊軟件傳訊息。

顯然，今天的茶樓亦已失去其交際的社會意義。

茶樓失能，預示的是面對面溝通的重要性日益衰頹。社交媒體取代了茶樓作為溝通的平台，單向的自說自話取代了雙向的面對面交流。我說了是，便是，你說的不合心意，我裝作看不到，更加不需要回應。你再過份，連好友也可刪掉，一了百了。「單向的表態不需要共識，放大了人的 ego，這個我便更加龐大更加自我中心，我有選擇性，甚麼時候都是我，那就會違反了佛家觀念中的『放下』，第一個就是放下我，我就覺得很需要將這些題目放出來，想想自己有甚麼能力可以將這個狀況扭轉。」兩大社交媒體 Facebook 及 Instagram 的更替，正好預示了這個狀況愈來愈嚴重。Facebook 姑且還可以在帖子下留言，而且除非發

佈人刪除，否則帖子不會消失；然而 Instagram 成立之初，開宗明義就是取即影即有的概念，其限時動態不設留言功能，且更會令相片或文字在二十四小時後消失，將單向表態及即食功能發揮得淋漓盡致。

一天二十四小時，整個地球就會更新一次。在社交媒體上，談得興起的新聞及話題，一天過後就已冷卻、沉寂，只不過是二十四小時，就已經決定這件事情過去。

「大家都很享受即時的溝通，從沒有想過世界本來不是這樣。你追不上，別人會立刻說你不與時並進，世界已經變得這樣了。當甚麼都是快的時候，慢是不是沒有優點？大家以為是這樣，所以潛意識甚麼都要求快。我

↗**回到未來／太極**｜**二〇一四**｜回到過去／回到未來╱╱ 回到光速極速／回到基本還原╱╱ 向前走……／是快・是探索／往後看……／是慢・是靈感所在

見到的是，大家都不再計劃將來，工作就只為了今天，三年後他不會知道會怎樣，你還問他十年？相對我們那個年代，有十年的生涯規劃都是很正常的，誰不需要經過十年才可以一步一步向前？大家都拒絕去談，甚麼都快，再說下去就是，文化歷史都處於不被重視、關心的意識形態，消費、潮流、炒作，過眼雲煙，變得所有事情都來得片面與單薄。」

訊息流轉更快，人們掌握的資訊愈多，卻愈被活埋直至無法透氣。科技帶來的好處多，副作用更多。資訊透明，每個人都能輕易將自己的想法傳揚開去。這些密集的往來資訊、態度，潛移默化影響自己，下意識地將風氣、潮流傳播，大家都像滾進了雪球中，互動滾動。大數據的運用，讓所有人都知道大眾的想法，甚麼最受歡迎？甚麼最多人使用？為了不甘於後人，或會人云亦云。**「個個都喜歡某種美學，就叫好？那股網絡洪流、大眾的力量，拖着你一直走到那邊去，但那不代表就是你，如果有一千人，你不必是第一千零一個同意的，你就是你。同**

不同意可沒有對錯，但喜不喜歡就不必太過將自己被那一千人同化。」雖足不出戶能知天下事，但大家走的路卻愈來愈倒模。「我到底是甚麼？沒有。沒有認真分析，就被洪水沖走。在今天，不跟隨自己的心出發是最大的問題。不急於要被同化，放下是人性最基本，如果大家都能回去，今天的世界已不再一樣。」

對，上路總是有易有難，時快時慢。關鍵是堅定地、踏實地不離航走在路上。

↖回到未來 TVC

你應愛

愛己愛人愛他她它

二〇〇六年又一山人曾受邀到地鐵中環站藝術管道創作展出，他聯絡了中區的一間小學，並跟該校的學生一起創作大小海報，題目是「信望愛」。海報表達了他與學生相信香港甚麼、愛香港甚麼等對香港的想法。又一山人其中一張紅白藍創作，寫上了「你應愛」三個字。他每次演講時，每當提及這張海報都惹來一陣笑聲：因為這跟韓國著名藝人「李英愛」同音。

「他們的笑聲，證明香港一般大眾的價值喜好及取向，但也跌入我這個創作的圈套。笑聲之後，到底還會想甚麼？」又一山人不禁疑問。

遺憾是，一般人只會關心韓國的李英愛，從來不關心「你應愛」這三個字。你應愛甚麼？海報旁有一行小字：「你應愛己。你應愛人。你應愛他。愛她。愛牠。愛它……」可是，為甚麼「你應愛」？

很多人遇上不如意的難題、樽頸、徬徨、不滿足，總是歸咎於他人、外在，總是埋怨社會沒有給予，別人沒有給予，所以所有責任不在於自己？那就正中文

你應愛

你應愛己。你應愛人。你應愛他。愛她。愛牠。愛它⋯

金
中 西
KAMLUN
PCCW
電訊盈科
Sony Ericsson
OPTICAL 88
眼鏡88
WEST WOOD
Hair Saloon

一山人下懷：「你要那麼多人愛錫你，上天要愛你，父母要愛你，情人要愛你，你有愛過自己嗎？有正面面對自己嗎？如果你真的愛惜自己，就不會那麼容易放棄自己。愛己對很多人來說很關鍵，但卻常轉化成外間的問題。如果你能愛己，天塌下來，前路多困難，都會覺得自己要 moving on。」不向外間索求愛，先愛己，有能力給予自己開心快樂的人，才有能力給予他人開心快樂。求不得的愛最磨人，也是最痛苦。但世間有甚麼是求即得的？沒有。與其先要求別人的愛，倒不如先要求對自己的愛。路是人走出來的，說到底，再大的難題，只要愛自己就能向前行。

佛學裡講愛，也講慈與悲。慈悲二字比起愛來得更透徹，愛的切入點因人而異，也有不同程度的理解。但慈悲的意指更加廣闊，是顧及所有生靈的關懷。慈，即用自己的傳達、態度在情感上去補足，對他人有好處。悲，不是錦上添花，而是雪中送炭，在人家困難、難過的時候，能用心去幫助、開解，在別人身

邊與人度過。常言道，有福同享，有難同當。慈悲是，福是自己的福，難是別人的難。慈悲，是大愛。

二〇一〇年和二〇一三年，又一山人曾替一行禪師（俗名阮春寶，越南學者，現代著名佛教禪宗僧侶，法號釋一行，提倡入世佛教。一九八二年他在法國南部建立了「梅村」（Village Des Pruniers）禪修道場，並赴世界各地弘法，定期帶領禪修活動。著有《與生命相約》、《你可以不生氣》等百多本書籍。）在本港的禪修活動做平面設計。二〇〇七年他在香港會議展覽中心第一次聽一行禪師的演講，對對方的第一印象是個子很小很瘦，說話談吐平實，聲線談不上有甚麼魅力。演說中一行禪師問大家：「你愛你的父母嗎？愛你的伴侶嗎？愛的話，跟他們說一聲 I Love You 吧。」

一行禪師大約講了二十分鐘，內容沒有大道理，只是如常生活的事。但又一山人的淚水奪眶而出，再也止不住。「我問自己，為何會流眼淚？有何感動？他說的道理、做人態度我全都聽過。可是這麼一個瘦小的八十一歲老人家，不辭勞苦花畢生時間及精力巡迴全世界演講，只是為了講大愛，講人與人、人與大自然如何相處，講人如何正面地活着。我打從心底佩服他，用盡氣力去做一件事，不

是為了個人，而是為了眾生，他的無私奉獻，讓我想起人家常說的德蘭修女（諾貝爾和平獎得主，一生志願是為貧窮人士服務，創立羅馬天主教仁愛傳教會，為患愛滋病、痲瘋和結核者提供居所，以及運營多間慈善機構。）。」

施與受的核心，關鍵正是大愛。

過去已有熟悉的工作夥伴或朋友出家佛門，如風水師朋友、廣告公司拍檔 Ani Rinchen（Fornita Wong）、出家前是藝術家的朋友常展法師、常霖法師及前演員洐偉法師。愛，毋寧說是慈悲，其實更深更廣。他們將對親人的私有愛，轉化成四海為家的無私大愛。說愛，就是有愛無類，親人朋友，可以愛，不認識的陌生人，可以愛，一個毫無關係的孤兒，可以愛，之所以謂人本善。因為愛，所以放下。

媽媽叫林恨。我有五兄弟姊妹，自小媽媽特別疼我，每次回家，都煮我最喜愛的菜式，令我最印象深的，是媽媽常擔心我們兄弟吃了「雞忘記」會沒記性，因此每次她都會搶先吃了那個部份，愛護之情，不言而喻。

我們生活在如此競爭大的城市，你爭我奪，愛的感覺，或者大家已經遺忘。不過，只

要大家想想媽媽，她對你的愛，是如此人之常情，如此毫無條件，你可能會重新發現，愛，根本就是人類的本性，哪為甚麼不可推而廣之，對朋友，對陌生人也如是愛？和諧世界，最基本的條件，就是愛！◎節錄自〈我是傳道人　又一山人〉，《溫暖人間》，二〇一一年十月。

很多人有誤解，以為講大愛、講施與受，就代表要犧牲自己。但其實正好相反，講大愛，是自己與他人互惠互利，和平共生的唯一方法。畢竟每個人，都要靠着世上的每個人而生存，所以便出現了這樣的一種「奇特」的現象：個人要生存，就不能只從一己利益出發，要環環相扣地顧慮到其他人，而且是很多很多的其他人。又一山人深明此道，故選擇了將他的創作從行業、從大眾角度出發，希望讓每個人、行業能展開對話，「只有當你推動到其他人一起走，大家才能夠行前一步，不至於覺得太過無助與被動。」

Yesterday is gone.

Tomorrow has not yet come.

We have only today.
Let us begin. ——德蘭修女

九龍皇帝

風雨無阻只在一剎那的堅持

現今年輕一代大概不認識曾灶財，但在八、九十年代，在香港幾乎無人不認識他。

鼎鼎大名的曾灶財，自號九龍皇帝，以反對英國殖民地政府為己任，以其獨特的毛筆字「征服」香港的一街一角，墨寶遍佈燈柱、電箱、欄杆、石柱、牆壁、天橋底，他喜歡寫在哪就寫在哪，從不理會旁人目光。警員見他在街上胡亂寫字，會將他帶回警署，這位皇帝卻隨即大筆揮毫，弄得警員哭笑不得，只好看着他聳聳肩，然後放他離開。

曾灶財早於一九五六年開始上街寫字，寫字時間長達五十二年。一九八七年他因在垃圾站工作被垃圾桶壓傷膝蓋而不良於行，但仍堅持握着拐杖、攜着大包小包走遍近百個地點寫作，作品數量估計多達五萬五千幅，墨汁總用量超過一千公升，其驚人的毅力及魄力誰可堪比？別人笑他太瘋癲，藝術界、影視界卻待他如珠如寶，其作品曾在多個展覽中展出，更於二〇〇三年獲邀參展威尼斯雙年

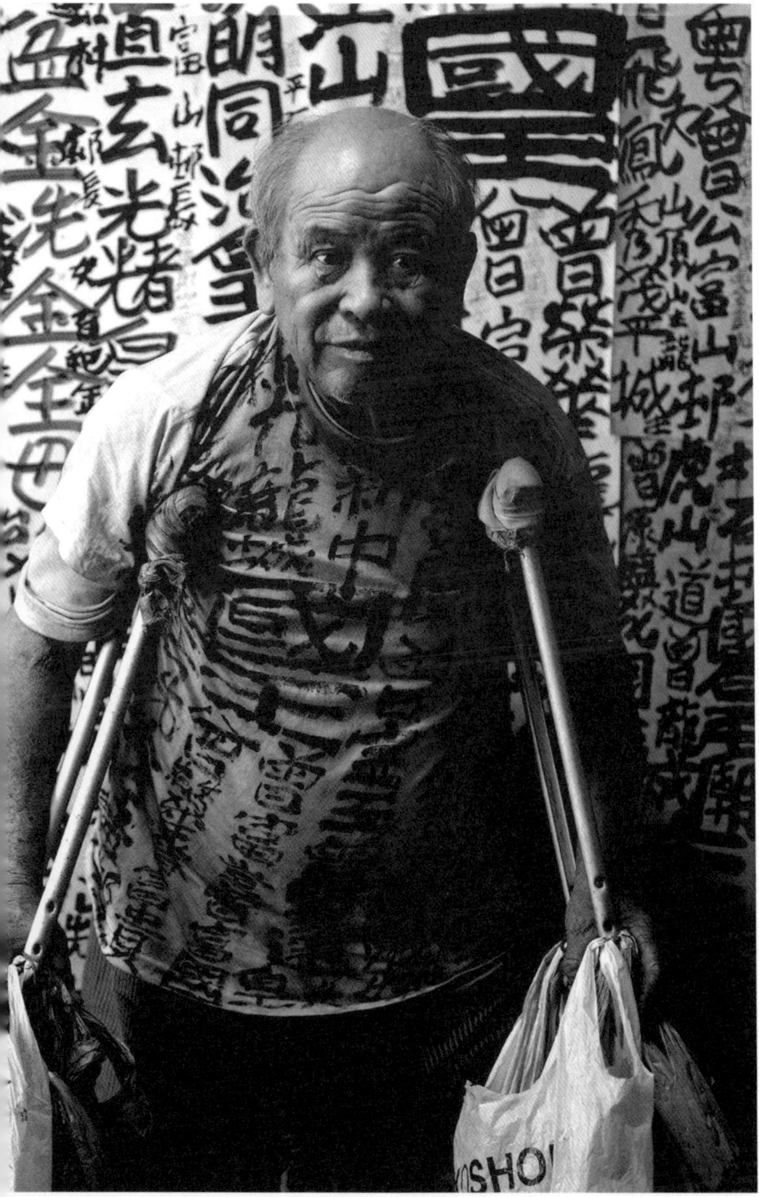

← **曾灶財** — 自稱九龍皇帝。

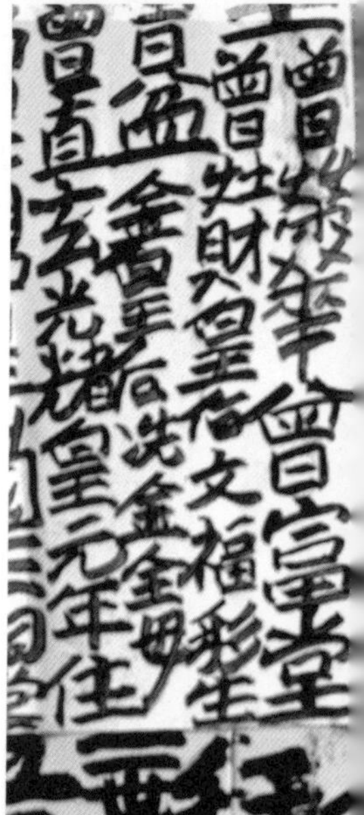

展。他曾登上英國潮流雜誌封面，被外國人選為二十五個愛到香港旅遊的理由之一，他也曾獲邀參與不同的電影、廣告演出。

這位皇帝見證了香港最輝煌的年代，那個對於創作、不同聲音包容度極高的社會，他在石屎森林中，以柔軟且剛勁的文字線條刻劃了一道奇特秀麗的風景，是代表了香港堅毅、自由、包容精神的奇珍異寶。隨着他於二〇〇七年過世，猶如一個時代的終結。專欄作家、評論家兼曾灶財好友劉健威曾為他在德福廣場舉辦了一個小型回顧展，展出其收藏的曾灶財作品；同時，更找來不同的創作人發揮，以作品與曾灶財對話，其中一位便是又一山人。

很多人都在曾灶財死後忽然留意他尊敬他，但原來又一山人與他早已有過一

段淵源。又一山人早已被他的鍥而不捨精神所折服，且被其風格強烈的九龍皇帝字體深深吸引，九十年代起，便開始拍攝他的城市書法作品。

二〇〇一年，又一山人透過劉健威作中間人安排見面。他跟助手準備了八塊兩尺乘四尺的灰色水泥板、白油及黑油，親身去到皇帝位於秀茂坪公共屋邨的家中拜訪，並請對方在水泥板上寫字。甫打開門，又一山人便被嚇倒：家裡空蕩蕩，沒甚麼傢俬，唯獨全屋滿佈了密密麻麻的字。字，已是這位皇帝最大的資產。

曾灶財行動不便，要以拐杖輔助走路，仍堅持屈膝伏身板前題字，水泥板長四尺，寫起來辛苦不已。又一山人見狀便試圖扶起水泥板讓他能較舒適地寫，曾灶財卻堅持不用其他人幫忙，自己用膝蓋墊起板子一邊，半跪着在上面寫。從這些細節中，讓又一山人感到對方的執着及對事情的承擔、對自己的要求：「從這些細節中，你會尊重他、佩服他，實實在在是身教。」

曾灶財寫在街的字句常讓人讀不通順，別人總覺得他在亂寫一通，只不過是

亂塗鴉。然而，又一山人見過他認真寫字，便知道這位九龍皇帝不過是自立一國，活在自己心目中想要的世界罷了。要說曾灶財寫的方式非常特別，倒不如說奇異的是他的思路，一般人是順着一字一句去寫，他卻是跳躍式地寫。又一山人回想起仍感驚訝：「我看着他寫呀寫，留意到他不是順着寫下去，寫一行半行、甚至半個字就跳到寫其他字，但寫呀寫他又會回到原本的那個字、那一句，也不用思考上文下理，一下子就能接上。他很有自己的系統，沒有打亂、一下子就能接上，我心想，這個人的思維那麼獨特？」

又一山人問他可不可以寫自己「又一山人」的名字，卻遭到皇帝直接拒絕。幾小時以後，寫到近尾聲，曾灶財忽然叫又一山人到睡房找正待風乾的木板，拿出寫了某一個字的那塊。又一山人與助手打了一個眼色：都不是重複又重複亂寫嗎？真的能找到嗎？然而，皇帝的旨意哪可逆？還是找找吧。結果二人找來找去都找不到，最後竟發現，果然只有一塊板上面有那一個字，二人心都寒

了，還以為他只不過在亂寫一通，寫來寫去不過那幾組字。但他卻是，寫了一大早，居然真的只寫了那個字一次，而他卻居然能牢牢記住了。然後他在這板背面再繼續，要寫的字都寫完了，皇帝才緩緩在左下角寫下「又一山人」四個大字。原來他一直記掛在心。

這再一次讓又一山人感到驚訝：「他完全記住了所有，他一點也不傻，他只是極度封閉，活在絕對的自我系統中，他的邏輯思維跟我們完全不一樣。」

那天相處給了又一山人不一樣的想法，以致後來令他感到，要在展覽中跟曾灶財的作品對話，都必須從這八塊水泥板出發。但到底要怎樣做呢？很快又一山人就想到要將水泥板上的字抽出來重組句子，變成他心目中想說的「香港建築紅白藍」等正面的香港訊息。說來容易，但這八塊板中很多字都重複，若抽不同的單字出來二百字都不夠。他思索良久，可是這些字都難以重新組合，死線迫在眉睫仍苦無頭緒。他開始焦慮，想到要放棄，把幾張草稿紙都揑皺丟入廢紙簍。

正當他躊躇着，突然腦海閃過一個念頭：「我為了甚麼而參加這個展覽呢？我要回應他呀！曾灶財對我來說是甚麼？為何他在我的生活中有意義？我從他身上學到鍥而不捨的精神呀！他在街頭幾十年告訴別人他是皇帝，他如此堅信着，所以一直無間斷地做了幾十年，即使遇到困難如日曬雨淋、被警察拘捕，都仍然要做。因為他相信，所以就一直做，他很值得我去創作以帶出他的這份精神。」他回心一想，當時自己並沒有鍥而不捨去做，反而因為困難就放棄，更把草稿丟掉。結果他回頭，拾回那些草稿紙。「我說不過自己，你推崇別人的鍥而不捨精神，反而自己就因為難而放棄？重拾回來，必須完成！」他再次埋頭苦幹，迫自己做，既然單字串連不起來，就把部首拆開吧！部首不夠就再拆筆劃。如是者最終都完成了海報《無處不在曾灶財。無處不在紅白藍。曾灶財密碼。》（二〇〇八）。

這張海報出現在拍賣會上，亦令又一山人獲得多個獎項。大家覺得不論海報中的文字，還是當中的意識形態都強而有力，備受讚賞。可是對又一山人來說，

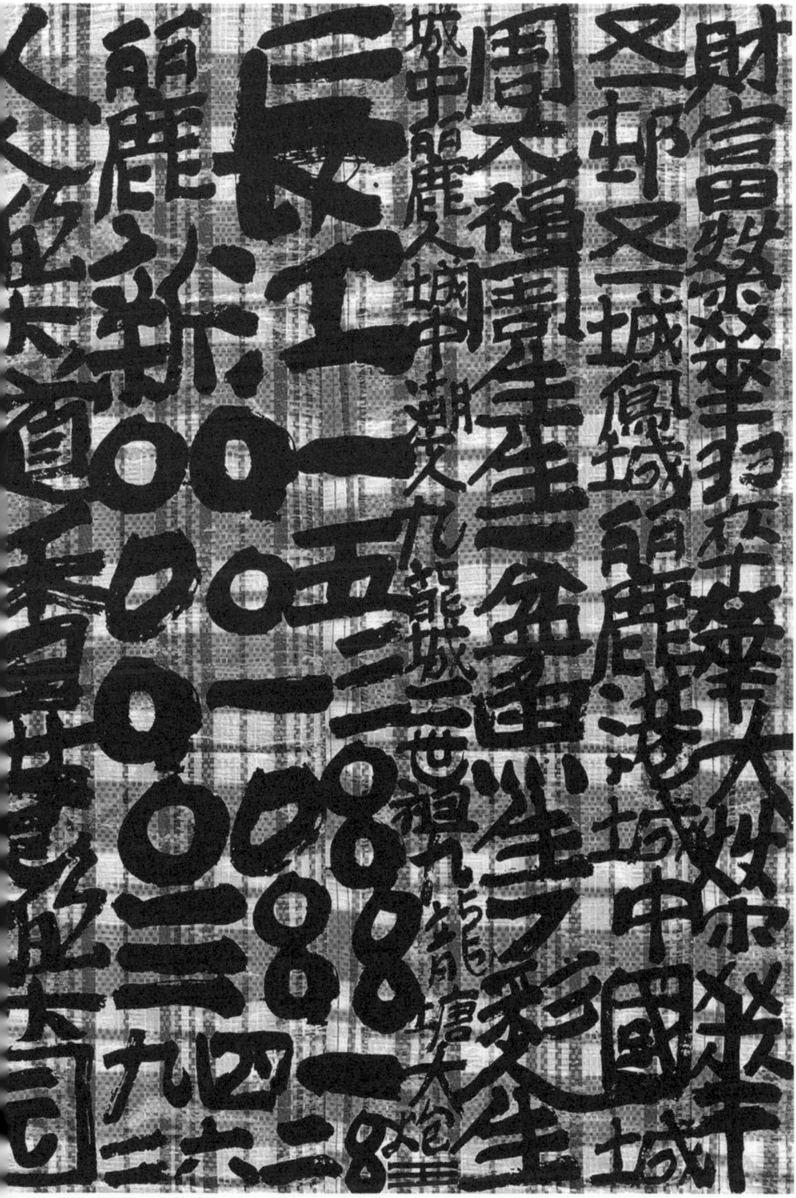

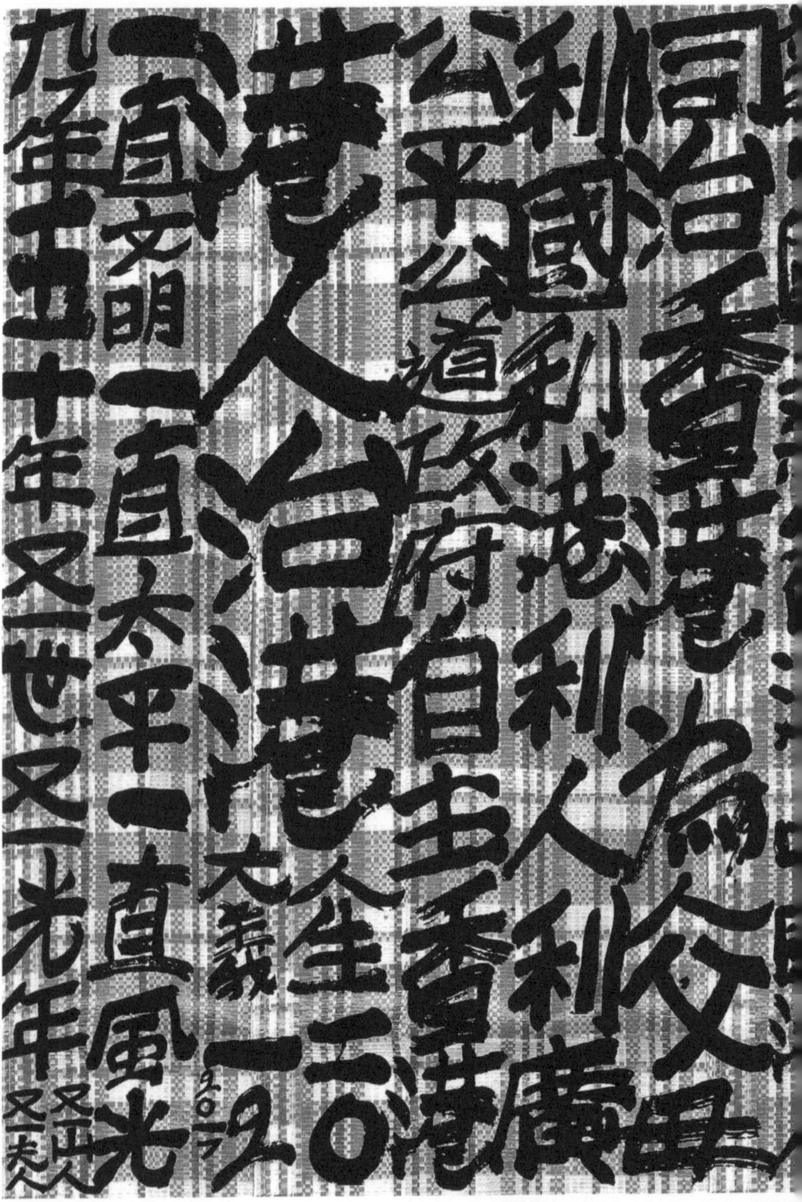

同治香港為人民
利國利港利人利廣
公平公道政府自主香港
港人治港大義
人生二〇〇
一國文明一直太平一直風光
九七年至五十年又十年又一世又一光年
又一夫

重點是自己能夠第一身去學習甚麼是鍥而不捨：原來，所謂做到做不到，只在於一剎那之間是否能夠堅持。堅守你相信的事，認真地持之以恆，才是真正的「Can Do」精神。（參考書目：《九龍皇帝的文字樂園》）

凡事沒有絕對
凡事講求相對
你看的 NOWHERE
我看見 NOW HERE
生命 在乎你怎樣看

NOWHERE
NOWHERE

以我______。

我＿＿＿＿，所

A 看見

B 不見

C 相信

D 不信

我看見，所以我相信……我相信，所以我看見。 /又一山人圖

NOT WHY
WHY NOT

拾吓拾吓

無用之用

說起來，又一山人有一個奇怪的收集垃圾的習慣，過去二十年，他執過的垃圾有：街邊的樹枝枯葉、公路的藍色地盤膠袋、一隻粉身碎骨的康寧碟、沙灘的爛拖鞋、茶樓荷葉飯的荷葉、馬路上被車輛多番輾過而乾扁的青蛙屍體、從水塘拾來的馬騮頭骨……拾吓拾吓，拾吓又拾吓，不一而足。

其中一個又一山人很深刻的例子是，有次他乘搭飛機，鄰座一位德國混血兒小孩正在努力地寫字。他好奇一望，原來對方正在寫中文字，他覺得很匪夷所思，目光一直被此吸引。小朋友寫得亂七八糟，一張紙滿佈了文字。又一山人好奇問：「為甚麼你要寫中文？」小孩回答，因為正在學中文。「這張紙你還要嗎？」「不要了。」「反正不要，不如送給我好嗎？」對方點點頭，於是又一山人便保留了這張準備成為廢紙的功課練習。

這張紙有何特別？「坦白講他的中文字亂七八糟，但我覺得當中很有人性，是在學習過程中展現出來的參與的力量，而且他還不是土生土長的華人，

字裡行間有一種不可言喻的氣色。」

又一山人試過在上海廢置公路執過一具被車輛多番輾過的青蛙屍體。更有很極端的情況，是一次他與攝製隊到城門水塘拍廣告，在聽到他要膠袋用時，助手們又開始頭痛：想必他又拾獲甚麼奇珍異寶吧！果然，膠袋是要來裝載一副乾淨的馬騮頭骨，在場人士無不感到震驚。「為甚麼要那麼震驚呢？這樹林有那麼多馬騮在生活，必定會死，而且也必然沒有人將牠們埋葬。樹底出現頭骨，不過是常態而已。」

拾吓拾吓，是緣份，也是存在和尊重。

不知不覺，拾吓拾吓，拾了廿多年……

拾回它的美。
拾回它背後我沒法知的故事。
拾回。
只因它存在。
拾回。
只因我相信life is beautiful。

「我覺得每個存在都應該要被尊重，哪怕它是被大家認為的『垃圾』。我能夠在眼前遇見，而它沒有被送到堆填區或蒸發掉，就是一種緣份。在路邊爛了都不緊要，既然它仍然存在於我們眼前，大家就應該以平等的態度去尊重它。」

以平等的心態來對待心中「沒用的」，再推而上之，就是平等與大愛。又一山人是借物喻人。人人平等，說來容易。在香港這個強調競爭及功利的社會，儘管大眾口裡說人人平等，不分階級，可是心底裡下意識都會去分有用無用，比較高低，專業不專業，覺得有某部份人不如自己那樣有價值，甚至不重要。又一山人以維多利亞公園掃地阿嬸作例子：「**假如阿嬸一星期沒有掃地，那裡會變成怎樣？假如沒有人掃地，我們的城市會怎樣？我想這個城市會瞬即崩潰，甚至淪陷吧！所以這個阿嬸與所有人一樣重要**。說到這裡，大家都會停一停想一想。是呀，她很重要，但始終還是自己比較重要。可是不要忘記，她可以不去看你、我的展覽，但城市肯定不可以沒有她。」

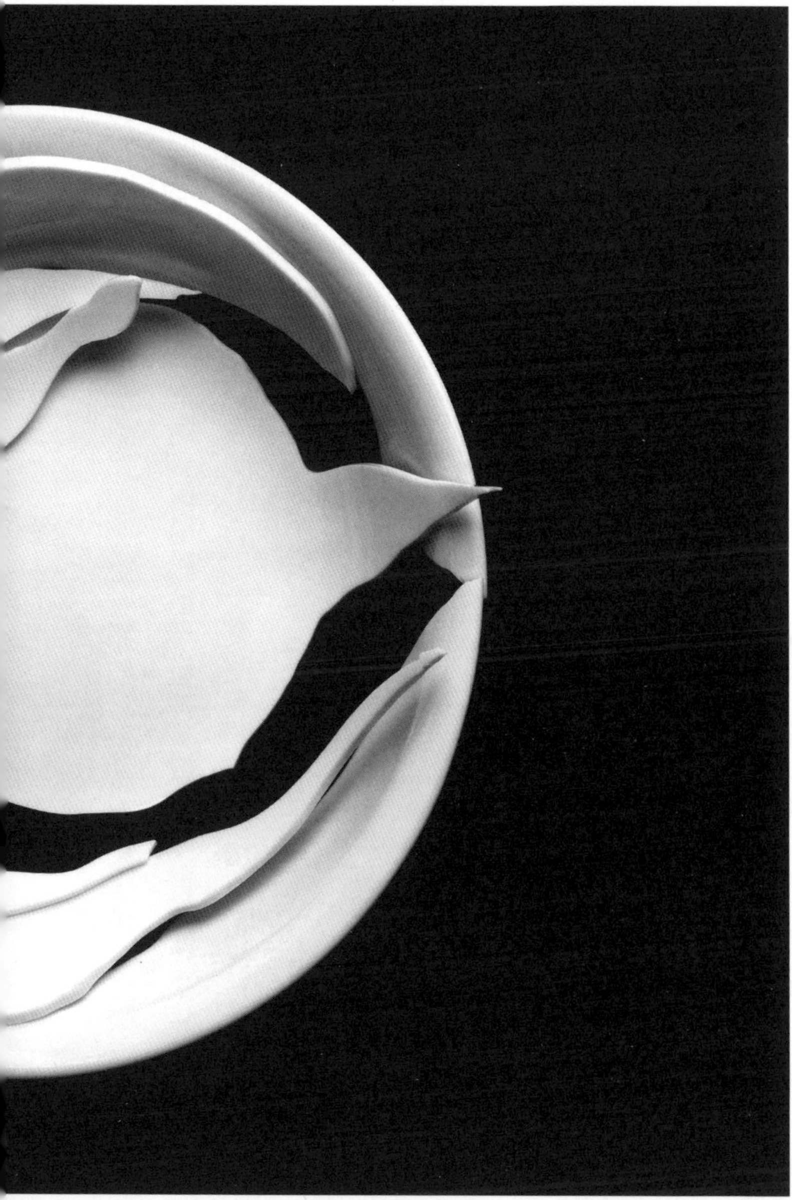

↑**破碎的不碎玻璃陶瓷碟**｜**二〇〇二**｜我從不肯妄棄一件垃圾，總是留着留着，疊成一件一件大小的裝置拼貼，從拍照到掃描器到電腦到 Milk 到 Book B 上。／有的將被他視而不見徐徐翻過，有的將被她說句不甚了了。／我仍是不灰心的每星期的疊着，總希望這一頁能去到我要它到你的眼前。／年輕人，倘若你這刻眼前看見一朵很大的白花兒，不要驚訝「她」無厘頭緒。這是你的朋友認真地疊着的，萬載千餐，求「她」載着你媽媽的飯餸香氣飄來你對媽媽的愛和尊重。／／這白花送給愛錫母親的你我他和她。（文字改寫自冰心女士的《紙船——寄母親》）

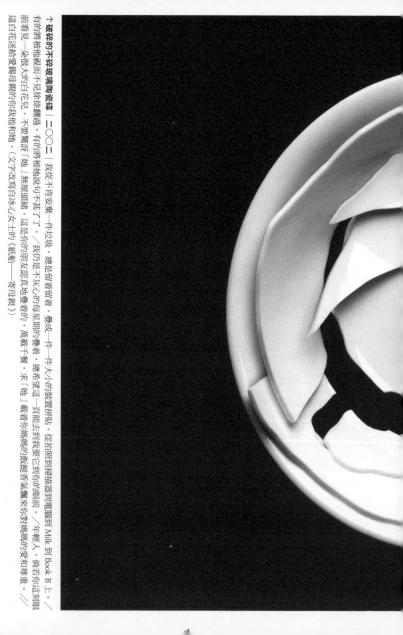

←**白紙杯和透明膠樽**｜**二〇〇二—二〇〇五**｜紙杯和膠樽放在工作枱面前已多過兩星期，一路下來跟它們培養「再多一點」感覺。／／喜歡它倆的簡單，它倆的純粹，它倆的坦白。但總覺它倆有更好的結合……／／就是擺進鏡頭底下的一剎那，簡簡單單平平無奇的杯和樽突然變得「過癮」。感覺好像烏絲燈膽「叮」的一聲，扱着了一點光。／／靈感，有時第一秒鐘就來臨。靈感，有時要堅持到最後一秒。

→法國、中國、泰國……｜**二〇〇二—二〇〇六**｜先是他，再有她。然後又出現了他……三條斷臂。╱逛在巴黎 Colette 不遠街角。浮沉在上海灘邊泥濘中間。躺在泰國草坪上曬着他的古銅色。三條斷臂。╱因緣中，總有一個誰主編這一山斷臂光景。

出於尊重，又一山人將垃圾執回去後，都會賦予其新的生命，將不同的東西擺放在一起，砌組成出人意表的畫面，拍攝後再輔以文字解說。這些圖文已持續一年在雜誌 *Milk* 上刊登，又一山人希望藉着每星期的發表，向年輕人講述社會現況及價值觀。值得一提的是，這批所謂的垃圾，又一山人都會用上8×10大片幅菲林相機拍攝，旁人看到會有一種強烈的反應，居然要這樣大陣仗?因為是平等，就無所謂高低之分。

某日又一山人在位於大坑的舊工作室趕稿，時值秋天，他選了執拾回來的落葉擺放整齊，但發現光線不是很適合，決定先前往吃飯。回程時，在公司樓下碰到另一塊葉。「真的是天意，那是一塊中秋楊桃燈籠的葉，不是樹葉，拿回來後，在構圖上就剛剛好湊成了《十片葉》。有時候創作的緣份解釋不了，這樣很好。」

又一山人隨緣而拾，現實也是有衛生及保管的考量，衛生狀況極度惡劣及太

大件的垃圾不會執拾，至於其他情況拾與不拾，純粹視乎緣份。

「荷葉飯上的荷葉可以是垃圾，但在我的相片中可以很特別，可以有重生的意義，相信大家也看到它的另一個面貌。」

身為創作人，你選擇看到甚麼、看不到甚麼、你關心甚麼、想看見甚麼，這個見證是關鍵的。用心去見證，然後透過你的手段來表述，這是一個導讀。這個手段如何導讀你心中想表述的那件事，是創作人的能力或技巧。引申下去，導讀的話題是否設定從心出發，我希望是透徹的。觀賞或跟你互動的人能否跟你聯繫或共鳴，我相信是能感受到的。◎節錄自〈拾吓拾吓／存在和尊重／黃炳培〉，二〇一五年四月。

←**十片葉—二〇〇六**—一稿黃葉。一念平常心。／一葉知秋。一葉知中秋。／幕後花絮（二〇〇六年九月二十二日中午）：擺擺放放九片黃葉一陣子，終於完成構圖；要待陽光拍攝還需一個多小時，於是便下樓吃個午飯。步行回 studio 途中，就給我遇上這片楊桃燈籠黃葉，十美圖就由此順理成章面世。說不出的運氣，巧合和緣份……

一半一半

命運一半，努力一半。

因緣和合，總是無常，因果循環不息，總是一環扣一環。一念天堂，一念地獄。一念之間，千迴百轉。

二〇〇七年香港藝術策展人梁兆基邀請又一山人參加藝術聯展，場地就在中環域多利監獄（即今大館）。因緣際會，又一山人獲分配一個囚犯公用浴室連廁所的空間，以及臨時附加旁邊極為窄小的獄警辦公室，形成了這個局面：一邊是監犯之地，一邊是警衛室之地，呈現了很大的對比。又一山人心想，也許是天意？

天意歸天意，還得靠人的努力才能成事。場景的象徵意義深重，而且也不是一個容易發揮佈置的空間，又一山人想了良久，都未決定好要做怎樣的展覽。要對大家有啟發及思考作用，是他希望能夠達到的目的。隨着死線臨近，時間愈來愈緊迫，他開始憂心起來，擔心無法創作出對社會大眾有共鳴的展覽品。就在此時，星雲大師來港舉辦演講，這次演講，講佛理的那兩晚又一山人沒時間出席，但他卻可以來到第一晚的佛歌表演晚會，其中一首歌令他印象很深刻。

這首歌曲名稱叫《一半一半》，旋律輕巧優美，由星雲大師親自寫詞，歌詞很簡單，卻道出了人世間糾結的情況，沁人心脾。

「白天一半。晚上一半。善良一半。邪惡一半。男人一半。女人一半。真的一半。假的一半。佛的世界一半。魔的世界也一半。你一半。我一半。這個世間。誰也無法統一另一半。努力好的一半。壞的一半自然減少。接受美好的一半。包容短缺的一半。才能擁有全面的人生。」

如果你知道甚麼都是一半一半，好的一半，壞的一半，自然會努力做好好的一半。人之常情的世界不過如此。

又一山人感悟，一念湧現：這個對比不就等於警衛室與囚室的對比？

一念之間，就讓他從歌詞出發，做了裝置《一半一半》。他和太太合力，在兩個空間的牆壁、地下、桌椅都填滿了歌詞。由於中區警署建築群是保育的地方，不能損毀，最後要還原地方原貌，因此不易實行。他以模版輔助，用上能抹

掉的箱頭筆，另一邊太太以酒樓告示牌格式，以麵粉開水在獄警室傢具上寫大字，他坦言空間狹小，過程有苦有樂。

「每個人都認為獄警那面是天堂，囚犯那面是地獄，真的不一定啊！沒有人說過在權力的那一面就必然是天堂，監犯的處境就是地獄。」難為正邪定分界，關鍵其實就在於一念之間。「這是一個很好的機會，將星雲大師如何看世間事情、怎樣自處、面對，在一個有限的空間中將這個訊息帶出來，亦因應這兩個空間大家都思考一下，其實對錯、好壞都只是一線之間。」

展覽開幕不久，便已傳到星雲大師佛光山（香港道場）僧團耳邊，他們也親自來看展覽及交流，將展覽刊登在佛光山《人間福報》中。

「在我未想到怎樣去做這個裝置時，我有點擔心趕不上死線，做得好不好、是否適合我又會擔心，在一個這樣的監倉內做展覽，你傳達了怎樣的訊息、怎樣去傳達，要怎樣做呢？可結果，就在死線臨近時安排了我參與了那個晚會，又有

你
一
半
我

才 縱 擁 有 全 面 的 人 生，缺 少 努 力 的 世 界 半 人，自

受 好 半 的 統 一 我 一 男 一 的 缺 接 一 無 半 我
美 無 壞 法 自 然 包 容 減 好 也 一 一
半 世 真 一 喚 全 容 減 好 也 一 一

一 接 好 界 也 佛 一 第 一 把
半 受 的 誰

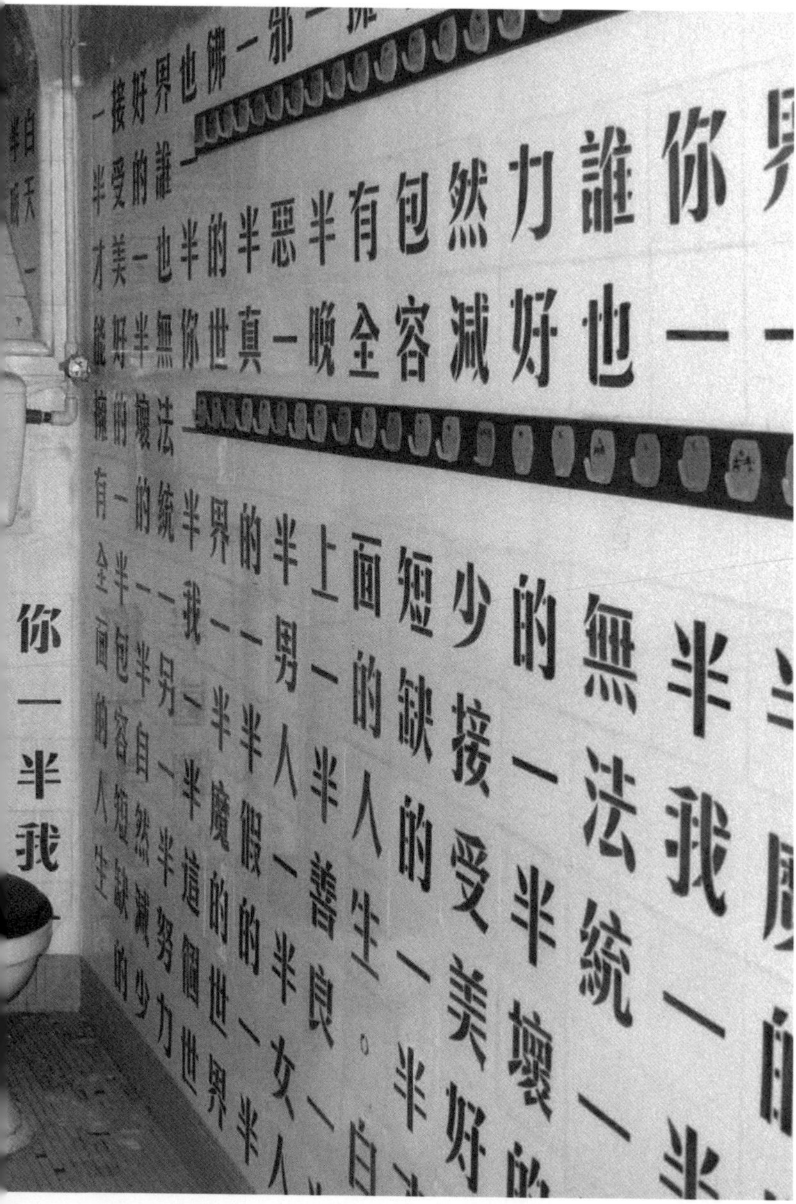

良一半邪
真的一半
假的一半
佛的世界
一半魔的
這

《一半一半》賦予我靈感，我會思考這個因緣是巧合？被安排？還是用心生活，又或者全部加起來的結果？」要是又一山人並沒有時刻提醒自己想要做的事，那麼即使他去看星雲大師的佛歌表演晚會，也只不過只是看了一場演唱會而已，斷不會將其轉化成自己的創作。

上天有天意，人有運氣，有因緣際會去撮合一件事做得好不好、是否達成。然而，所有條件其實早已一應俱全，只在於人是否有心去將所有條件串連，繼而獲得靈感。

常說因緣際會，好像很玄妙，甚至「離地」，實際一早已經在

此時此刻。只在乎人的心，是否「看見」。

「可能是大框架注定了你的命運是這樣，注定你不是大富大貴。可是甚麼叫大富大貴？人人定義不同，有人會覺得要像李嘉誠那樣才叫富有，但如果你不有求的話，小康之家也可以是富有，或者有人覺得心中富有就是富有。你可以參與定義，可以決定你的情感、心目中的價值觀。」不是百分百命運主導，也不是百分百憑個人努力就可以。反而是，兩者加起來，命運在眼前，可還是積極用心去看，用心去創造，用心累積生活，利用身處的各種有利或不利的條件，以成就一個人的人生。

有一個饒富意味的笑話是這樣的：一個失意潦倒的人去睇相，希望可以得

到一些啟示。算命先生跟他說，你現在的情況我知道了，再過三、五、七年吧，整個情況都會不同了。他很高興追問，五、七年後我會怎樣？是不是我會變得有名有利？算命先生回答，不是，五、七年後你已經習慣現狀了。

心態轉變，自不然就會看到截然不同的風景。

John Lennon 唱了 Imagine，
世界沒真的和平了，
釋迦牟尼和耶穌基督都不可
以改變世界，

難道他們這些偉人
對世界的貢獻少嗎？
沒有他們，
世界可能變得更糟糕。
微小的我算甚麼。
我只希望至少影響到一個、

兩個年輕人。感染到一個已經打和，兩個就是贏了。

爛尾

時代巨輪輾壓不了人生

當一個地方經濟呈爆炸性增長，加上信貸寬鬆，鼓吹房地產項目投資，一時間起樓彷彿是資金尋求回報的最佳出路，眾富商盲目炒地皮炒項目，於是一棟又一棟的摩天大廈擎天拔起。當經濟增長放緩，資金周轉不靈，投資者看淡投資前景，拔腿便跑，剩下一堆房地產投資項目空有其表，無以為繼，於是爛尾。

爛尾，是資本主義社會的常態。

又一山人第一次看見爛尾樓，是在廣州珀麗酒店對面。他因工作關係，經常入住這間酒店，而這座如墓碑的水泥建築物，便經常出現眼前。每次看見他也會站立良久，感受那份悲壯。爛尾樓，可以帶出甚麼有意思的訊息，讓城市人反思？又一山人思索了五年，最後沉澱出養份，才正式執行項目。

又一山人認為，在社會開放，經濟極速發展的背景底下，「爛尾」的現象正正就是過去兩三代活在大時代的人，對前景、機會、人心和夢想的一場搏鬥沒結果下的結果。

他捕捉了此種奇特現象，成就了其習作《爛尾》。從二〇〇六至二〇一二年的六年間，他跑了十八趟共十二個亞洲城市如北京、深圳、吉隆坡、曼谷、伊斯坦堡等，拍了大概六、七十張爛尾樓的相片。拍攝爛尾樓的過程中，他曾遇到非法入住曼谷爛尾樓的異國工人，你以為他們哀愁？他反倒樂天自在。在廣州，他遇到幾座爛尾住宅都已彎曲變形，「主人家」在村中露天打麻將，旁邊卻泊了輛發亮的法拉利百萬名車。

《爛尾》中，有些照片是空壑回聲卻又無言以對的孤寂建築，淒清卻雅致；有些是他找來街坊演員回應人世間爛尾的存在，重新演繹城市中爛尾的故事。例如有人獨自在空置的單位內辦公，這無奈的商人手拿計算機仍然野心勃勃的想要「大展鴻圖」；有人在單位內面對城市美景，在其中無人打擾的身心靈安頓之所盼望着兒孫回家團聚；也有人坐在地球儀上，渴望遠走他鄉。

可以肯定，這是他三十多年創作生涯以來，最辛苦最危險最花錢的一個創作

→爛尾｜二〇〇六—二〇一二｜建築會爛尾。工程會爛尾。／計劃會爛尾。希望會爛尾。／關係會爛尾。人情會爛尾。／人生。我想不應該爛尾吧。

大展鴻圖

項目；對個人而言，也是無可取代的經驗。

縱然爛尾樓代表了無規劃的浪費與淘汰，也代表了一種在時代巨輪下，不可抗力的魔爪伸展而帶來無可避免的無奈與荒謬，一切看似注定的沒有好結果，可是身處其中的人，仍可以努力去做「自己仍能做的事情」，將原本的消極意義扭轉，積極地創造出新的意義，成為滋養自己生命的養份。時代殘酷不穩，時代會帶來爛尾，可是人仍能憑努力各歸其位，從自身出發。社會會爛尾，人生仍可不至於爛尾，對吧？

憑藉當代藝術的平台，這批相片陸續亮相於大小國際、本地展覽約二十次，有兩次，真的爛尾。在多倫多展了一次《爛尾》的爛尾，空運公司在展覽開幕前六小時通知又一山人，相片在途中失蹤。另一次，他和意大利建築師合作的深圳建築雙年展學生「爛尾工作坊」，又因跟主辦方溝通和策劃出問題而爛尾。

兩人走在一起，
可有紛爭，
三人或以上走在一起，
可有政治，
與他人共事，
當然會有爛尾之可能，

但一己命運在一己之手，人生，我想不應該爛尾吧！

然而，這批《爛尾》攝影系列相片最終也沒有爛尾。相片多次獲得攝影比賽獎項，並被香港文化博物館收藏；此外，更有四十六幅於二〇一三年被香港M+博物館永久收藏。

時代會輾壓生命，人生有運氣的部份，也有努力的部份。《爛尾》最終揭示的是，一己命運在一己之手，如果你決定它不要爛尾，最終都不會爛尾的。

「爛尾樓」拍了好多年，永遠在中間的狀態，在過去與將來之間。在做一個創作時，我主動爭取的是現場的經驗。因為這些經驗往往令你學到甚麼是過去、將來、傳承及歷史。◎節錄自〈又一山人：電腦傷害這一代人創意〉，《經濟日報》，二〇一四年十二月。

功成身退！

功成

退身成功？

退身

無言抗議

弦外之音的感染力

都市人聒聒噪噪，卻總是話不及義。每個人都想向對方表達自己的想法，話愈說愈多，說過了頭對方又是愈說愈烈，從來無辦法真正接收，溝通因此而失效。話的量與溝通成效不一定成正比，有時候，知所進退，才是繼續溝通的良方。

對又一山人而言，對社會、政府有不滿，遊行是公民理性的表達方式，也是監察政府必不可少的途徑。然而，他覺得若果因為憤怒的情緒激化表達方式，而無法將訊息好好傳遞至對方及被接收，也不過是徒然。「我覺得一個健康自由的城市，大家可以發表意見，滿意不滿意，同意不同意，我覺得以和平遊行去表態是理想的，每個城市應該有這個狀況出現，大家的目標都是為了這個城市可以變得更加好，為了大家而爭取更好的東西。但有時我心裡並不接受過激的表態方式，我明白有時情況已經令到你很沮喪或憤怒，但以過激的方式表達，雙方很難達到下一個共識，不會再有和談的下一步。」

二〇〇〇年左右又一山人踏上了當代藝術之路，借助當代藝術平台去拓展

新的表達可能性。到了二〇〇五年，策展人黎健強和黃啟裕舉辦了「出嚟行」展覽，邀請藝術家以非紀實的方式去表達對遊行的看法，又一山人是應邀者之一。

又一山人一直都有參與遊行，並在過程中拍下許多相片。他在以往遊行中拍下的相片，將相中人舉起的標語「蒸發」，黑白的相片好像將時間凝住，加上「無言」的標語，帶來了極大的衝擊。衝擊之處，在於將極大的憤怒無限濃縮於沉默之中，下一秒彷彿就要爆發，讓觀賞者屏息靜氣，不敢輕舉妄動。這批相片命名為《無言》。

「『無言』當然是社會性的議題。我不同意過激，所以我就在相片中執走所有標語，留白，變成無言的抗議。我認為這是更恰當及更大的控訴，有弦外之音，或者留白之後大家的想像力可以更大，亦不會有發洩式的謾罵。」

自此展覽之後，又一山人凡參與某些支持的議題的遊行時，都會舉起一幅白色的標語。有些途人反應不過來，也有些人會會心點頭。沒有說出口

並駕齊進

←無言1｜二〇〇五

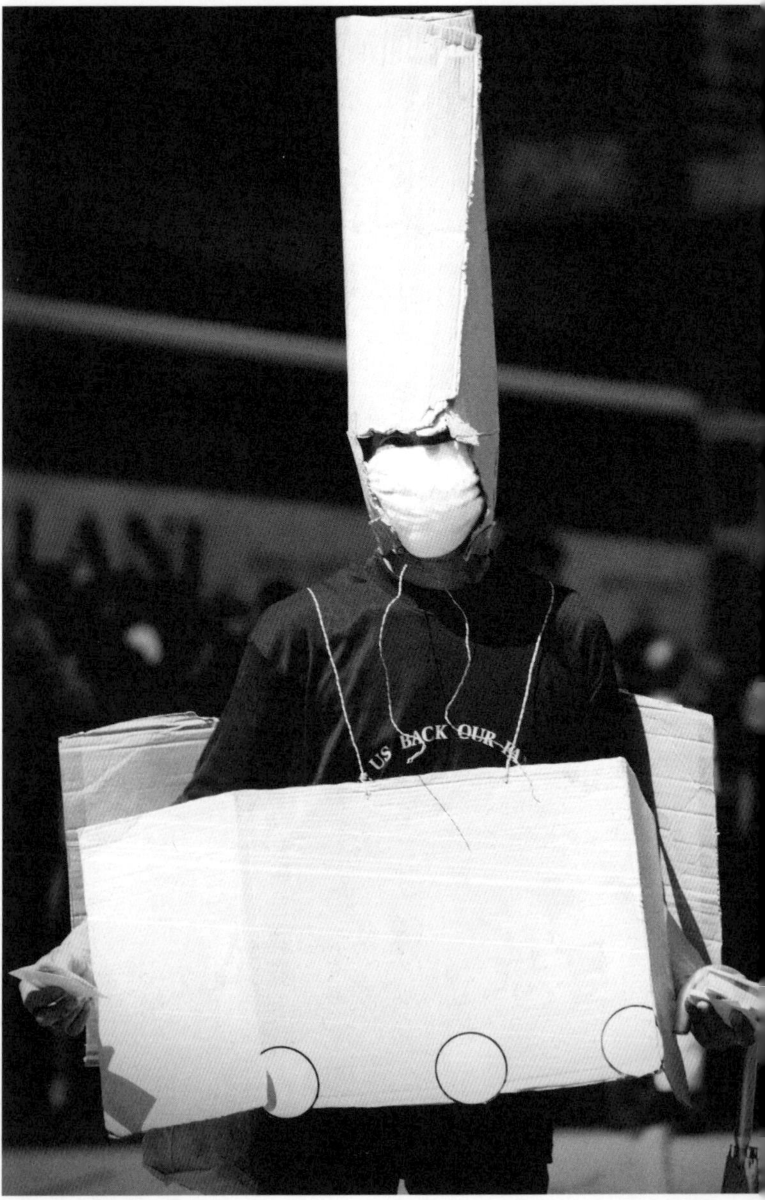

→無言1—二〇〇五

的不代表真的沒有說出來，大家在現場心領神會。有時候，有效的溝通就是這麼簡單。

之後某年，他遇到一群人在金鐘拿着白色標語遊行，當中有表演藝術、文化圈的朋友，並向又一山人表示無言抗議是一個好方法，所以也以這方式在真實生活中進行。又一山人那一刻有些詫異，不過也感到欣慰，因為創作能夠落地。「**我認為這次真的是創作人的創作能夠落地，不是紙上談兵。實際上有人認同兼且實行，或者潛移默化地轉化到其他地方，我覺得是重要的。大家在同一個位置、同一個共識上去做一些事，好過只有自己在做。**」後來在某次香港人支持廣東話的遊行中，也有人拿着很大的一塊白布去表達無言抗議，溫和但堅實的表達方式是有感染力的，能夠將訊息傳達開去，就有了向前走的推動力。

口無遮攔。

你罵個體無完膚。
無可救藥，罪無可赦。
迫使面目無光。
換來無名火起。
反指你目中無人，
語無倫次。

默默無言不是啞口無言，
狂言可能是妄為，
無言一定不是無為，
有時，
萬籟無聲，
事情反會無所遁形。

本來無一事

果是因，因是果。

《六祖壇經》（由六祖惠能口述，弟子撰文的語錄，現存流通版本最早可追溯至元朝。收錄了六祖惠能對弟子的教導，在禪宗典籍中被視為無上寶典。）中，有一由六祖惠能所提出的偈：「菩提本無樹，明鏡亦非臺，本來無一物，何處惹塵埃？」（在南北朝時期，佛教禪宗第五祖弘忍大師打算根據弟子的悟性而決定傳授衣砵給誰人，其中弟子神秀寫下：「身是菩提樹，心如明鏡台，時時勤拂拭，勿使惹塵埃。」強調修行的作用；惠能則有另外的看法，寫下「菩提本無樹，明鏡亦非臺，本來無一物，何處惹塵埃？」強調頓悟的重要性。弘忍大師認為後者視萬物性空，亦即無身心外物的話，就不用修行的態度已屬開悟，但為了防止神秀加害惠能，讓惠能連夜逃走。最後神秀創立禪宗北宗，惠能創立了禪宗南宗。）這句偈廣傳至今，眾所周知，卻甚少人能參透其中的義理。

這句話，提醒了世人不要執着於人事物的表相，看似有形有相的東西，本性不過虛妄，唯有參透世間萬物的本性，才能頓悟解脫。世間的「有」，本性不過是「無」，本來無一物，萬物終究消失殆盡，事情終會告一段落，然後再次換另一種形式重新出發，因果生生不息。執着一果，不如化為一因。

誘發他創作《本來無一事》意念，是他常常經過香港大學校園。每次途經，他都會留意壁佈板上密密麻麻的告示：學會的活動、學校宣佈的政策、學生的主張，有時看了你滿心歡喜，亦有時讀後滿腹牢騷。它們就在板框裡你上我落。可是在暑假的某段日子，壁佈板上突然空白一片。又一山人見到如斯境況，實在很不

尋常。貼滿告示的壁佈板誰沒有見過？可是空白一片的壁佈板，又意味着甚麼？

又一山人面對這一個不尋常的現象，心裡有一種說不出的滋味。他沒有立刻就為此創作，反而去思考可以怎樣帶出對大眾而言重要的課題。「這是一個視覺上不一般的現象，但絕不是構成我展示給大家看的原因，難道我要跟大家說這很有趣？不足以令大眾關心嘛！」他想不通其中的意義，就不執着不勉強必定要創作出來，反而是持之無限的耐性去思考，而這一個思考的過程足足持續了五年。

「我有等待的心態。假如我腦海中正構思一件事，我會主動地觀察，當它每次出現，我就會用手機記錄下來，因此不論乘車還是行路，我都在培養與它的感情與關係，等待一個適當的機會，想到一個適當的訊息，我才轉化為創作。我願意等，而不是立即去做一件事出來，我本可以就着一個現象而大作文章，但這是不透徹的，為做而做的，即使最後完成了，它也與大眾無關。」他的心態是，即便做個人創作，都要求要與大眾有關，要是當刻沒有直接的關係，就花時間耐心

等待關係出現。可這與今天社會的思維方式是背道而馳的，今天的情況是，要是事情無法立刻成為一件事，它就不再是一件事了。

本來無一事！

這是他思索良久而得出的課題。他細想，本來這告示牌有內容訊息，中間會因為種種溝通而帶來不同的情緒，有同意不同意的聲音，有不同的見解、反應。但去到某一刻，事過境遷，生活繼續前行。「當然這不代表我們要抹去記憶或者忘記，可現在回想，中間那麼多極端的情緒，又是否有必要？是否真的需要用當時那種態度、心情去處理中間的過程？反正最後都會回到基本。我覺得本來無一事絕對不是逃避、妥協，反之然，這是對事物本質的領悟。當你知道事情總會去到下一個點，你又會否執着？你以為那已經是果，所以就停滯在那個果，大家爭拗不已。但這個果總會帶到去下一個因，又再來過。」一個因會導致下一個果，一個果又會成為了下一個因，因果循環不息，如果世人都能夠明白，就不會再執

着於眼前的糾結。爭吵不休的過後，總會向前走到下一步。

又一山人找到了跟大家對話分享的角度，就開始進行拍攝，將這套「本來無一物，何處惹塵埃」的佛家思想以生活化的方式呈現。很多來看展覽的佛教朋友都很詫異，居然可以這樣輕鬆地帶出原本嚴肅的六祖故事。「由見到空壁佈板到舉辦展覽去談這個話題，已經在我心裡醞釀了幾年，我做這個功課，自己的得着很大，我以第一身去看這個課題，我就有成長；而你們之後看是各自修行，對我來說，這是附加值。」

那次在香港歌德學院首展開幕前兩小時，好友黃源順先來訪談，他見又一山人還在現場作最後調校，就忍不住問：「你這次的創作主題不是說放下執着的嗎？為何我仍見你在創作、佈展，並對所有細節都有所堅持？」又一山人沒有兩秒思考便道：「我知道為了甚麼拍下這輯照片跟大家分享；要執，不為己執就是。」

←**本來無一事**｜二○一○｜大事小事。家事國事。／同事共事。公辦公事。／費事、怕事。多一事不如少一事。／做人處事，盡人事，實事求是。難料世事。／有時事與願違。有時事在人為。／壁佈版啟事：相安無事?／造謠生事?鬧事?／若無其事。不當一事。／反正，世間本來無一事……

凡非凡

觀照自身

現在，請正在閱讀手上這本書的你，閉上眼睛，深呼吸，再睜開眼。然後，一頁一頁翻開，在這個過程中，請你只專注於自己的呼吸。←

0:00:01

0:00:02

0:00:03

0:00:04

0:00:05

0:00:06

0:00:07

0:00:08

0:00:09

當你看見前頁相片，第一眼你直覺地聯想到、感受到了甚麼？

那便是你內心最深處的想法。

然而，請你再多花十分鐘，去想想，為甚麼你會有這樣的想法？

又一山人的裝置及攝影創作《凡非凡》，曾經不下二十次在大學、工作坊、講座中展示。同一張相片，同一條問題，人人答案都不一樣。有人看到「寂寞」，有人想到「出遊」，有人說是「準備被丟的垃圾」。有人樂觀，有人悲觀。大家都看到不一樣的風景，甚至各走極端。不一樣，是因為各人內心不一樣。

佛家中有一個這樣的小故事：六祖惠能（唐代僧人，號六祖大師，弘忍門南宗始祖，弘揚「直指人心，見性成佛」之頓悟法門。）大師曾經遇見兩位僧人正在吵架，原來是因為一幅幡被風吹動了。一位僧人說是因為風動，另一位說是幡動，爭論不休。大師走上前，說了一句：「不是風動，不是幡動，仁者心動。」當下兩位僧人都呆住了，原來在爭拗的過程中，自己起了分別心，各執己見，以為自己想的就是絕對真理，卻未曾反觀自照：為何我會有這種想法？

人們總是一廂情願以為自己想的就是真相。然而，世間豈有絕對？你覺得是這樣，他覺得是那樣，「這樣那樣」，是從人們的心而來。又一山人對聽眾說：「大家都沒有想過原來在自己的內心中，對於世界的看法取向是有多麼正面及負面。一個簡單的測試，可以看到『觀』。觀甚麼？不是觀物，而是觀你自己。」話音一落，全場都靜了。大概是因為，人們終於開始察覺並嘗試閱讀自己的內心。

若干時日後，又一山人來到香港理工大學演講廳舉行的分享會做聽眾。身後另一位正入座的觀眾突然拍了拍他的肩膊，一臉認真地跟他說：「我很感謝你，之前我曾經聽過你講《凡非凡》，令我想通了很多，我終於明白了。」又一山人感到努力沒有白費：「《凡非凡》真的是為了挑戰大家的想法而做，而不是無中生有、為做而做的『作品』。我只關心內容是否值得大家去聽、去想，從利他的角度出發；若創作純粹只是對我而言重要的，也犯不着你花時間、我花金錢去做。這是我做創作的邏輯。」又一山人費煞思量為大眾而創作，最終都能得到令

人安慰的回應——哪怕只有一個人。

再舉一個比喻。想一想，你看過自己吃飯的樣子嗎？

又一山人憶述，某年書展，台灣電影導演蔡明亮來港為其新書《郊遊》舉行座談會。《郊遊》原是蔡明亮執導的劇情長片，在座談會上播放了一個片段。該畫面是由李康生飾演的中年男人，蹲坐在路邊吃飯盒，手拿着雞腿大啖咬，然後再吃一點飯，動作重複並持續了數分鐘，直落至吃完全盒飯。播完後，蔡明亮輕輕說：「感動！真的很感動！」觀眾大惑不解：感動甚麼？一個這樣平常的畫面，誰沒有見過呢？為甚麼要特地拍攝並用上實時數分鐘的時間播放？蔡明亮帶點幽默的笑道：「大家今天很幸運地看了這場戲的足本版本，電影院播放的要短一些。你們覺得怎麼樣？」台下的觀眾有點尷尬，因為真的不算「特別好看」，甚至可以說是沉悶不已。但這場戲卻很有意思，又一山人記得，蔡明亮說了一番充滿睿智的說話：「可能大家都不明白為何我要這樣拍電影。可能你們覺得不好

看，甚至不值得看。可是大家平日有否想過自己像李康生那樣吃一頓飯的樣子？你們有仔細地看過感受過嗎？」說白了，這個畫面就是一面鏡子，讓觀眾回到自身。人們不接受這個畫面，因為人們從來沒有想過去了解自己。人們吃飯，會先舉起相機拍照，現在流行「相機先食」的概念，又或是匆忙地把食物塞進口中，填飽肚子就算。工作如是，生活如是，吃飯如是，人們總是營營役役地生活着。

人們花費極大心思去細看事物，花費唇舌分析及評論現象，卻從未曾認真觀照自己。有一則笑話是這樣的：甚麼英文字母最自私？是「I」，因為一切從我出發。只有回到自身，了解甚麼才是我，以及自己想法的由來，與身旁人事有所對應之時，才能不再從我出發，才能不再對人對事妄下判斷。

←凡非凡—二〇〇七—二〇〇九（深圳及香港）、二〇一二（新加坡）—他看。海市蜃樓。／你看。汪洋綠洲。／我看。人間淨土。

色即是空空即是色

→**色／空：色即是空｜二〇一一｜**水書法。／多年前在廣州公園親歷奇境後，一直都在我腦裡出出入入。／它正是佛法中色空最微妙的對應。一切從無到有，從有到無。／色即是空。空即是色。／不止是它的歷史和人文。不止是它的經營和環保。不止是它像禪修式鍛煉。

↓色╲空：空｜二〇一一

色／空 TVC ↘

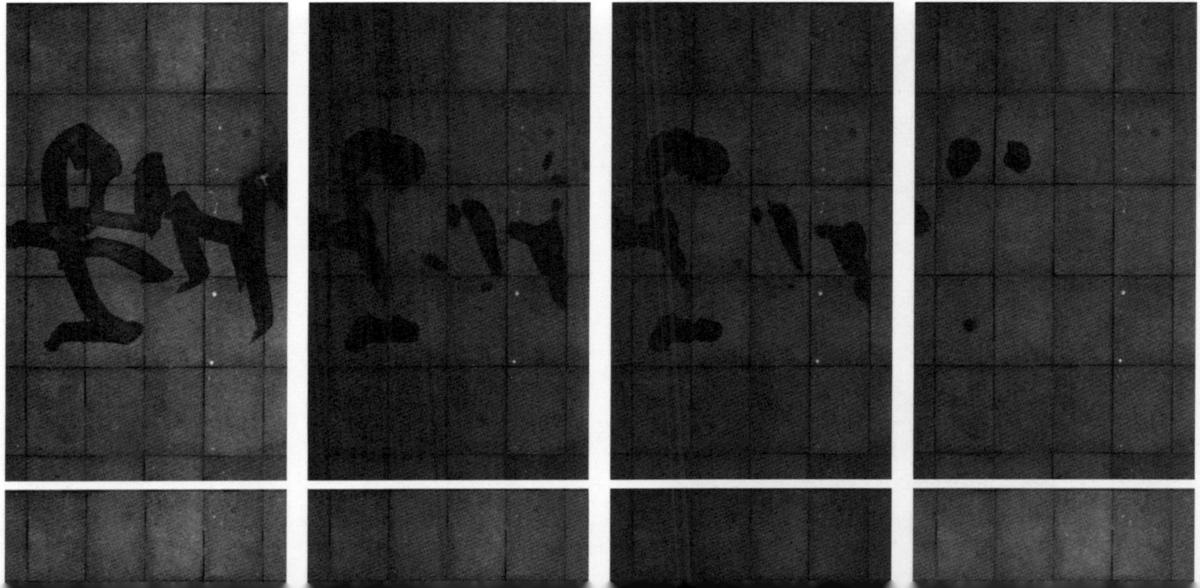

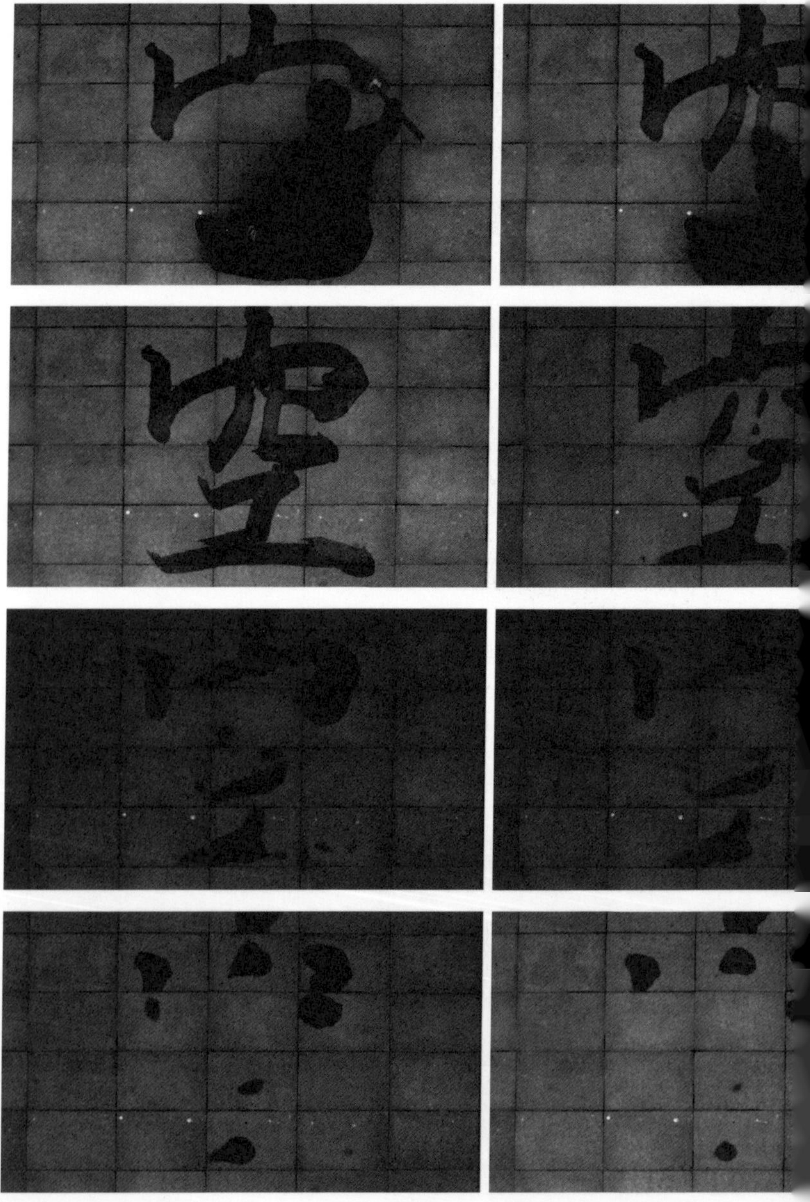
空

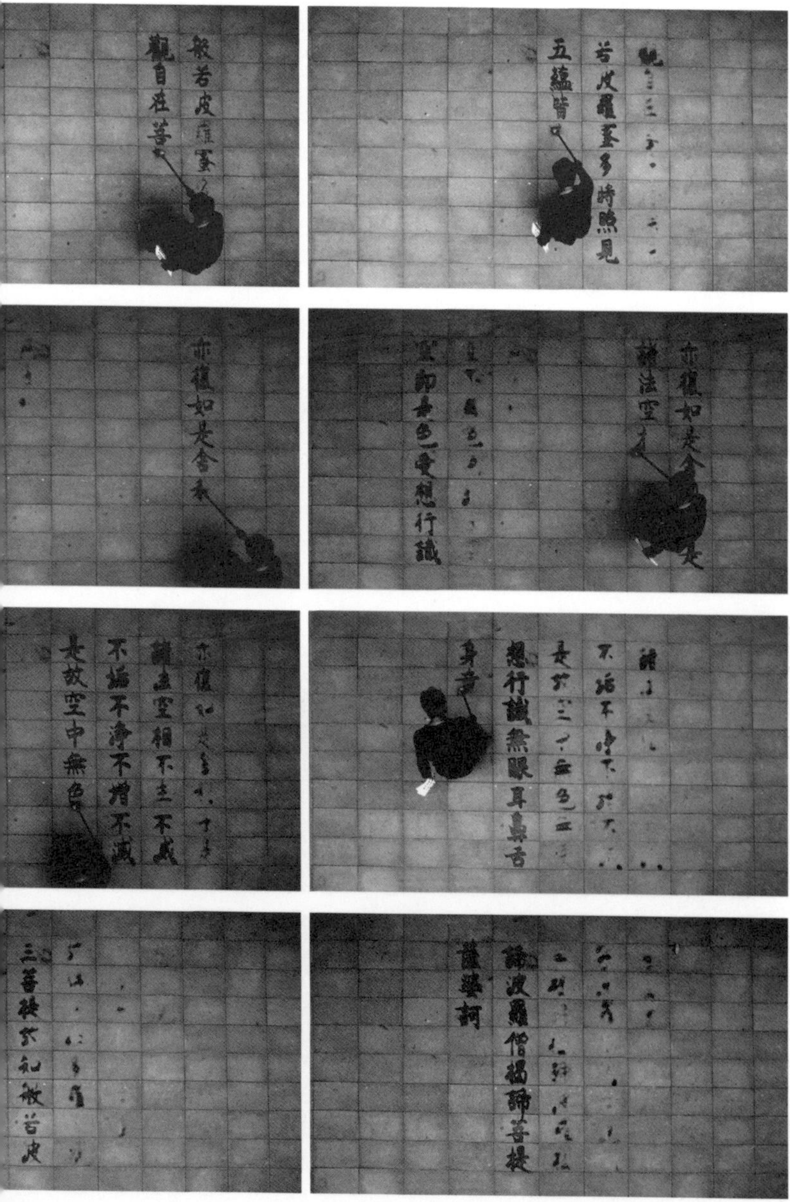
般若皮羅蜜
觀自在菩
若皮羅蜜多時照見
五蘊皆
亦復如是舍利
亦復如是舍利子
諸法空相
諸法空相不生不滅
不垢不淨不增不減
是故空中無色
想行識無眼耳鼻舌
身意
諦波羅僧揭諦菩提
薩婆訶

般若波
舍利子色不異空
空不異色色即是空
空即是
諸法空相不生不滅
不垢不淨不增不減
是故空中無色無受
想行識無眼耳鼻舌
身意

神畫

重新發掘早被遺忘的每一道風景

我們每天都與很多很多的風景擦身而過。

營營役役的過每一天，着力理解工作內容，理解那些罐頭式的花邊新聞，理解與自己毫不相關的娛樂八卦。誰結婚了，重要嗎？誰分手了，重要嗎？誰走光了，重要嗎？對，不重要，正是因為不重要，才吸引人看，如此輕省便得到快慰，誰不想要？重要的事，實在太花氣力去理解。直至腦袋被垃圾資訊填塞，直至雙眼被蒙蔽，直至無能力去思考去感受為止，累了便倒頭大睡，十年如是，廿年如是，往後的日子，不難預計，亦復如是。

人生不斷在原地踏步，大概只是因為已經失去了思考能力、感知能力——失去了用心看的能力。

因而無法好好理解自己，更遑論理解生命。

不放在眼內

但放在心裡

好好去看，好好去感受，是如此難得的體驗。又一山人的其中一份習作《神畫》，重新提醒人們身旁的種種美好，與其說是他的創作，倒不如說是大自然的創作，因為他只是將被遺忘的風景以另一種方式呈現。他自謙，自己不過是改編者，而非創作者。

又一山人以畫框裱起一張白鐵板，然後放到有日照的地方，《神畫》看似這麼簡單就完成了，不過背後花的心思可不少，例如計算陽光的角度、甚麼時間段某個位置會出現影子，因為沒有太陽就展現不到這個創作的效果。《神畫》首展於二〇〇八年，在深水灣至淺水灣沿路樹蔭下展出。

途人第一個反應是：美，

很美。陽光灑滿一地，遊走於葉子間的縫隙閃爍生輝，影子隨風擺柳、婆娑起舞。誰能抗拒大自然的魅力？又一山人感嘆，「大家都說很美，那麼興奮，其實影子一直都在，從來都沒有離開過。為何直到今天，我特地裝裱出來，大家才看得到？」終於，大家都看到了，在一個展覽中，在一個畫框之中。但它，卻在日常生活中缺席。

↗神畫｜二〇〇八

看見光，相信有神。
看見大地，相信時間；
昨天今天明天。
看見風動，相信呼吸和生命。
看見哀樂喜怒，
相信心靈之溝通。

相信生命是美麗，看見前面一道光。我看見，所以我相信。我相信，因此我看見。

「看不到眼前美好的事物，只因香港人太繁忙，兒女教育、供樓、工作，太多憂慮，把眼前要應付的放得太大而忽略了身旁事物。另一方面，回歸以後，大家都用負面的態度去面對生活、社會，沒有事情看得順眼，憂愁、憤怒、不如意，本來是美好的、正面的，大家都不再看到。明明這世界還有很美好的東西，

但太多沉重的包袱及壓力，令我們不再這樣看世界。這正是我做這個創作的原因。」比起批判，又一山人更想帶出讓人思考的契機。

——「認真生活的定義，是即便堵車仍覺自在。」◎節錄自 *A Day Magazine*，二〇一九年三月。——

又一山人也將之帶到不同的工作坊中，嘗試引導學員去創作他們心目中的「神畫」，學員不禁醒覺那些看似微不足道的東西竟會如此漂亮。到底有多久沒有給予自己空間，讓自己對周遭的事物更加敏感，更觀察入微？好好用心感受，似乎是一件既遙遠，同時又伸手可及的事。

觸動人心的作品，也受商界青睞。永明金融很喜歡這件作品，給予又一山人極大的自由度將這幅「畫作」以同一概念重新製作成影片作為企業的品牌宣傳片，於是有微電影《正一》的誕生。主角正一是一位小學生，憑着一股傻勁，義無反顧地幫新相識的婆婆朋友達成夢想。正一出生於一九六〇年，也正是又一山人成長的年代，小時候所感

微電影《正一》↘

受到的守望相助、人倫關係，至今仍暖在心頭，冀望重新在影片中勾勒出動人心弦卻早已被遺忘的香港鄰里人情。

影片結尾一句：「**傻不傻不重要，最重要認真做好每件事。**」正好印證又一山人今天的心情。別人總是笑他傻，不賺錢的事做來幹嘛？可是他到底也是義無反顧。「每一次，我是真心想引起大家思考才去做，不是譁眾取寵去炫耀自己的才能，也不是為了表達自己新的『藝術』創作。**你問我，我真的很傻；傻，是從世俗名利的角度去看。我得到了成長、心無掛礙，好好活着。我得到的很多，但人家不會明白。做每件事，你都要對得住自己的心，認認真真做每件事，這個傻與真心，對多少人來說是關口？**」

很多人不太留意身邊的事情，因為香港人實在太忙，要追隨太多指定目標，如升職、升官、加薪、發財……你會發現，自己以往沒有用心、認真去看周邊那些看來毫不起眼的小事小物。◎節錄自《香港城區設計散步》，編著：香港設計中心，二〇〇七年七月（第十三期）。

正

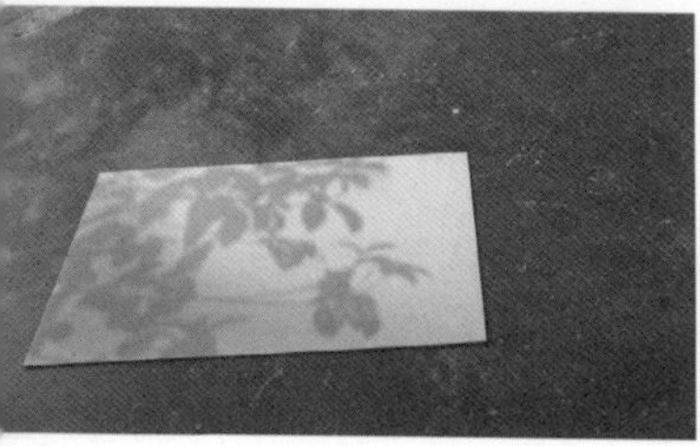

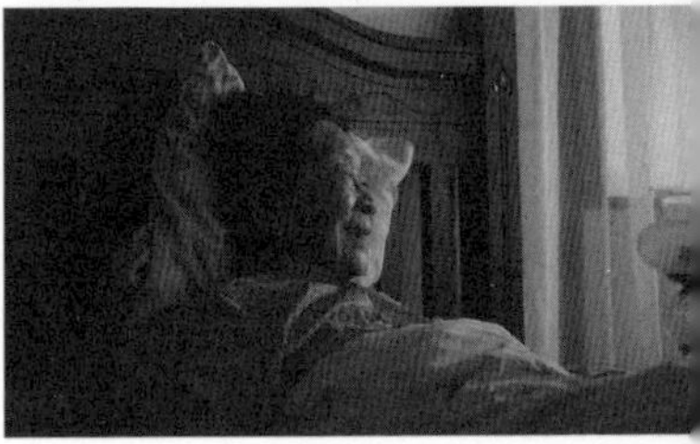

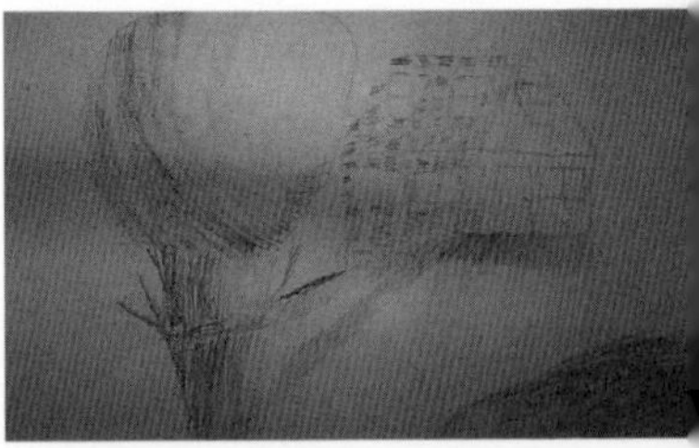

棺材梳化

要活在當下，唯有直面恐懼。

別人常說，學會死亡，你便學會活着。

可是誰也沒法真能體會死亡是甚麼，因為人只能活一次。最接近自己的死亡，便是在生前着手為自己籌辦葬禮，想像一下自己的葬禮應該要怎樣辦，自己會怎樣「死」，驟然發現，原來天國亦不遠了。

天國不遠，天國就在日常生活之中，天國就在當下。當死亡就在眼前，就能提醒自己應該要怎樣活着，當下有甚麼想做的，應該做的，馬上動手動身去做。可以說，正是因為大多數人無法想像死亡，無法理解活着的意義，只能營營役役，含糊度過人生。

死亡一直是社會的忌諱，別人的死，以一句「Rest in Peace」作結，不要有更多更深入的探討，更莫說自己的死，很多人以「大吉利是」避而不談，因為恐懼。恐懼死亡，恐懼未知，於是怎也無法活在當下。要活在當下，唯有直面恐懼。

又一山人似乎打破了「不能言說」的禁忌。二〇〇九年，他創作了《無常》，

把棺材融入到日常生活中，執意每天提醒自己必然會死這件事。這個創作歷程經過多番轉折，也是在因緣際會下才得以誕生。可以說，一切冥冥中自有主宰。

早在九七年初，又一山人與兩位好友吃飯。其中一位朋友 Wendy 突然談起死亡：「Stanley、Eddie，我們對香港質素很有要求，經常談建築、文化，說說死亡吧。我們的葬禮應該怎樣？」兩位朋友熱烈地談論要有甚麼花及音樂，又一山人倒是不喜歡傳統殯儀館的靈堂，太多繁文縟節。他是一個簡約主義的人，認為葬禮最好在室內籃球場裡舉行，空間偌大，四四方方。朋友們覺得他瘋了，這不合法吧？又一山人接着說：「傳統的棺材我最接受不了，所有東西我都喜歡直線，但中、西式的都是弧線的。而且，我覺得太諷刺了，一個人的生命，長也好短也好，總得經歷過許多，乃至陪葬品，全部都有感覺有關係，偏偏棺材完全沒有，一個新簇簇、陌生的木箱，貼身盛載着你離開，根本與你沒有關係。」朋友看着他沒有說話，大抵是覺得他太反傳統。

property of/
19 / 02 / 09

打從這頓飯後，又一山人便開始認真去思考這個問題：怎樣可以令到我跟將來一同離開的棺材之間的關係更密切？怎樣可以把日常生活中會用到的物件，最後會變成一個載着我的身體離開的載具？後來他想到，三人梳化倒像一個箱吧？將三人座位梳化的膝頭位置部份填滿，蓋上蓋子及木板就成了一個箱，木板可以是書架，蓋子可以是小茶几。他的腦海中已經完善了這個構思。

當時他大概四十歲，仍然營營役役忙於工作，也由於當時自己與太太仍未開始學佛，很難向對方開口說要為自己做一個棺材。作為一個城市人，死亡這個議題始終難以啟齒，因此沒有動手正式執行這個創作。直至二〇〇八年的某一天，又一山人在街上碰到藝術策展人 Grace Cheng，希望邀請他參展正在籌劃的項目。Grace 本身投入於醫院藝術，她想透過該次的「尋樂．經驗」展覽，帶出如何促進觀眾對藝術體驗的命題。又一山人看着她，腦海中靈光一閃——梳化棺材。沒有事情比生死的體驗更大吧！

於是，兜兜轉轉又回來了。十多年前，又一山人因為各種原因沒有動手做；十多年後，他與太太都已經是佛教徒，對這個話題已經沒有了世俗那種芥蒂、忌諱。對於生命的理解、背後的象徵意義已經有所轉變，也正是動手做的好時機。死亡是甚麼？死亡是生命的一部份。人們坐在自己的未來棺材看報紙，死亡在每日的生活中都佔一席位，沒有逃避，時刻都在提醒自己這個事實：對呀，總有一天我要離開。又一山人深信，如果每個人都有這個胸襟、時常都將死亡放在心裡，每個人都會活得更加積極，不會再視生命為理所當然，不會再去想自己還有很多日子，很多事情想做、可以將來做。「**真的不是，當大家明白生死有長短，坐言起行的積極性會更高。**」

這件生命習作擺放在香港藝術館展場中間，經過的人都只會覺得這是一張尋常梳化及一張茶几，可以坐下看看書，休息一會兒；之後，當觀者來到了展覽的最後部份，會發現這三件傢俬已變身成棺材的組合，到那時大家會恍然大

悟，原來自己剛剛坐的，竟然是棺材！來參觀的一位法國朋友，先是坐下一會兒，後來見到棺材，感受很大，又回到原來的梳化很嚴肅地坐了半小時。之後，也有人對又一山人說，體驗過梳化棺材以後，終於消弭了對死亡的恐懼。這讓又一山人感到鼓舞：「我不是特別關心創作，關鍵是，你與人溝通、分享了甚麼。做一個課題，要考慮的是這個是否值得溝通的議題，你是為了其他人而做，還是為了自己而做？」

無常。是梳化床和棺木之間。

無常。是今生和死亡和來生之間。

之間。應該是珍惜，是正面，是

積極，是自在。無常。是體驗人生。

活着就是當下，這一刻就是這一刻，不要想得太多，這是又一山人的座右銘。「我做梳化棺材，令到我更加明白到『正在做』的真正涵意。這不是一件藝術創作，而是從我生活上個人的情感出發，造就了我對生命價值的反思，以梳化棺材作為切入點，與大家開展生命的話題。當人明白了生命的循環，了解因無常而產生的不斷變化，人對於死亡的恐懼就會更加少。」

這是創作，這又不是一個創作。在無常中認識悲苦，在無常中找到活着的意義。◎節錄

自〈細小的再生〉，《生活月刊》，二〇一一年六月。

←**無常｜二〇〇九**｜緣起，只因主觀願望，只因一廂情願……╱十多年前與朋友說起葬禮的形式，如何與他人見最後一面。╱表白了我關心的是：怕悲情、怕香燭煙火、怕傳統中式葬禮的多顏色……╱開了話題，拜託了朋友，往後再看吧。╱再想下去，最不安的要算是棺木這環節吧。╱接受不了它不夠環保，就算是近年面世的環保棺材，╱也是因死而「生」的市場產品，╱只可使用一次的奢侈產品。╱接受不了它不夠簡約和多弧線外型的設計（當時還未出現紙棺材這比較簡約的造型），正因為一向自知是個對直線、四正追求「完美」主義者。╱最最接受不了的是陌生感受。心裡問：為何在離世的最後一刻、╱伴着的空間，竟是被那個與一生無關、沒時日感情、沒感覺的東西包圍着。╱想了想了，決定做張梳化床，用它三、五十年，╱然後裹身一同離去。╱符合環保原則，多麼親切，多好……╱再想，藉着每天親近梳化床的互動，親身感受「死」是人生的一部份這概念；╱親近面對自己人生的一個功課。╱無常。是梳化床和棺木之間。╱無常。是今生和死亡和來生之間。╱之間。應該是珍惜……是正面……是積極……是自在……╱無常。是體驗人生。

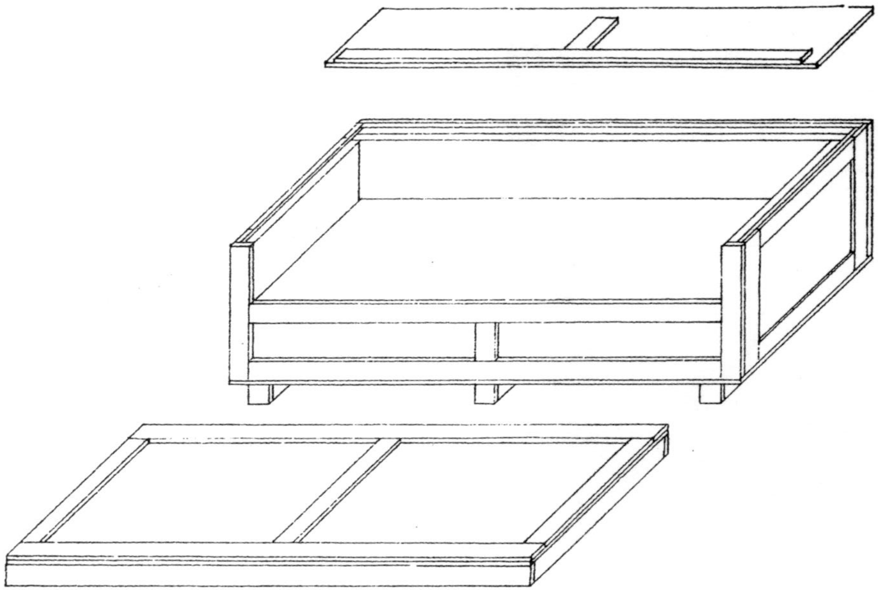

IMPERMANENT/A 無常/A	SOFA / COFFEE TABLE / BOOK SHELF / 梳化/茶几/書架/

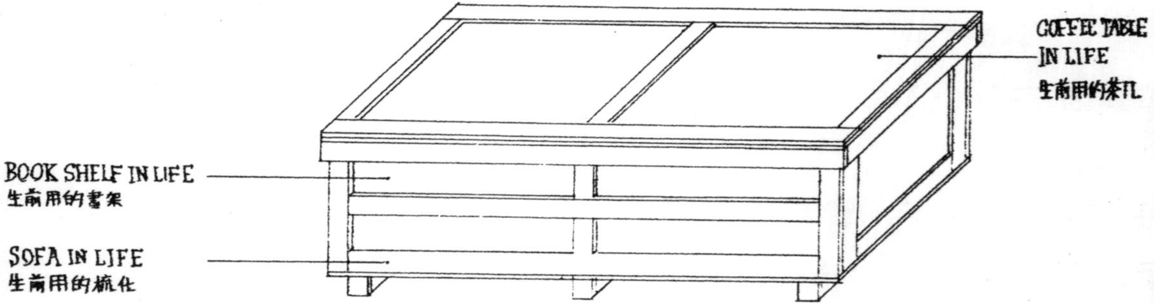

IMPERMANENT/B 無常/B	THE BOX THAT ONE WILL GOING AWAY TOGETHER WITH, FROM THIS EARTH.../ 每個人離開世間時身跟的箱子./

爸去年走了。

九十有二的笑喪，後事在平靜的空氣中度過。靈堂上放着的遺照，是他某年的證件相片，笑容和祥；正如他的名字：黃祥。來是祥，走也是祥……

回想媽走時候，遺照這環節就沒這麼順利。那是二十多年前的事。她給腎病拖着走了最後幾年，時好時壞的日子，我沒有勇氣為她（或找個藉口）拍一張「將來」要用的近身照。姊弟間也不敢提出這急切性的項目，縱然家人都知道這是遲早的事情。最後要從生活照中放大再放大，再去背景，再調光度才辦妥。

生命之終結，始終是我們（中國人、東方人，可能全世界人類）心中的結。不管是因為恐懼，不預知，還是不想失去……

半百的我坐着想着……有一天我都會像媽、爸離開。雨過天青，花開花

落……無常世間是事實，是現實。除了不能繼續照顧身跟又一夫人，不能繼續跟年輕人互動，不能和大家共同追尋、參與啟動「好一點」的地球村；完結，只是被安排的工作暫時停工或休假吧。

想了又想，然後決定每年生日，坐下來，好好面對自己，想想我真的有好好活着？為自己活着？為我認知的身跟活着？拍張自拍照，不會知哪一次是最後一次……決定叫這組照片「最後習作」，在我喪禮發表，當然它們也將會是我的遺照。來，感受一下我活着的概念，活着的自在。

感恩。我仍好好過着每一年、每一天……

（P.S. 要是二〇一二年十二月二十二日，我們的地球村會停下來不再前進，這裡便算是預展我的「最後習作」。）

又一山人　合十

◎節錄自《明報周刊》Book B，二〇一二年十二月。

NOW CLOCK 二〇〇一 現在是甚麼時候？跟住我們去哪？剛才我們做了甚麼？現在先做甲？還是先做乙？還是做甲途中，同時想乙？活在當下。清楚當下。將自己凝聚在當下。當：NOW 枱鐘咔地一聲，就像禪堂磬聲響起，將心，神呼喚回來。來到當下一己。

NOW

in
china

↑**這裡／那裡**｜二〇〇六｜策略五步曲是我從小在廣告公司／工作時學識的市場分析，／市場定位及市場推廣一個簡而清的工具。／從那天起，我認定這不止是／商場上的策略思維，／這就是人生的一切吧……／進入廿一世紀的中國，／一切正面得無限可能，無限前路……／正面的喜悅是我們國家的全面？／正面的背後都還是正面？／現正是最好的時光，讓大家你我上下，／齊來憧憬一個美好的目的地。

⑤

然后
没有到达那里
we getting there

↑
④

样去到那里
how could
we get there

①
↑
⑤

然后
有没有到达那里
are we getting there

↑
④

怎样去到那里
how could
we get there

↑
③

我们想去那里
where could we be

①
↑
⑤

然后
有没有到达那
are we getting

↑

③
们想去那里
ere could we be
我们在这里
why are we here
①
我们站在那里
where are we
怎样去到那
how could
we get ther
②
为什么
我们在这里
welcome
CHIINA
欢迎光临
中国
③
我们想去那
where could w

二〇〇〇｜聯合文字創作：余嘉璧｜攝影：朱德華

厚顏無恥。荒淫無恥。不知廉恥。不知羞恥。

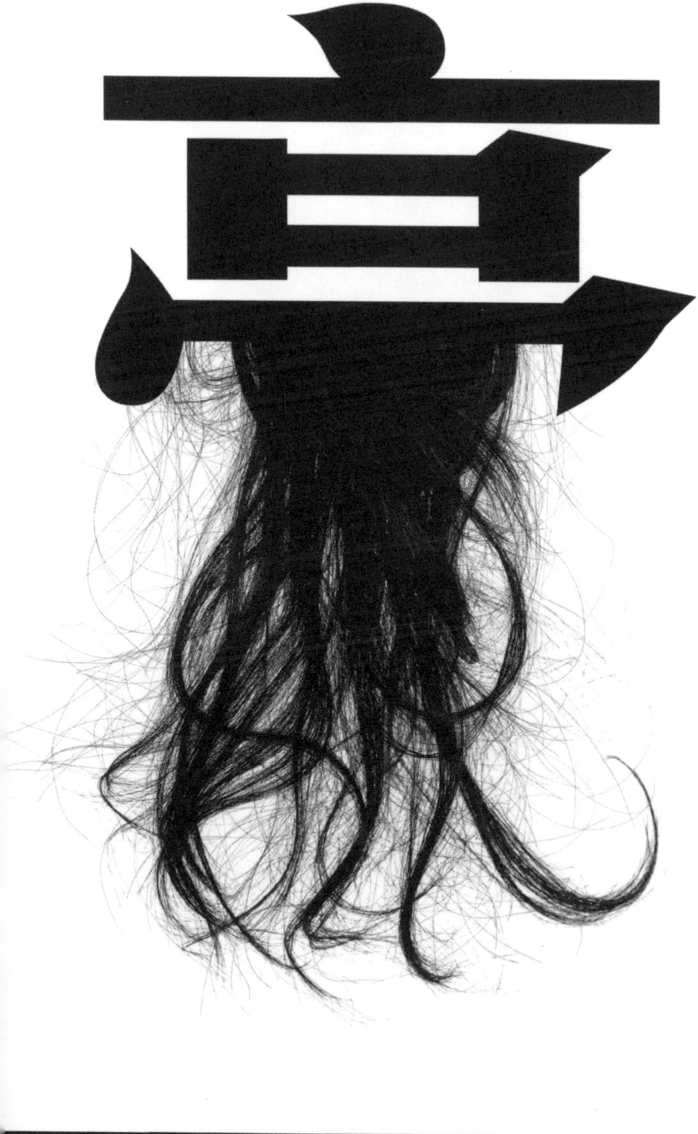

喜歡毫不相干的人。不喜歡毫無頭緒的事。喜歡毫不熟悉的地方。不喜歡毫無節制的生活。喜歡毫不猶疑地喜歡。

人三／舍

深居者少見左鄰右舍。磊落者少有神不守舍。倔強者少會退避三舍。江湖者少住寒舍多居旅舍。

合

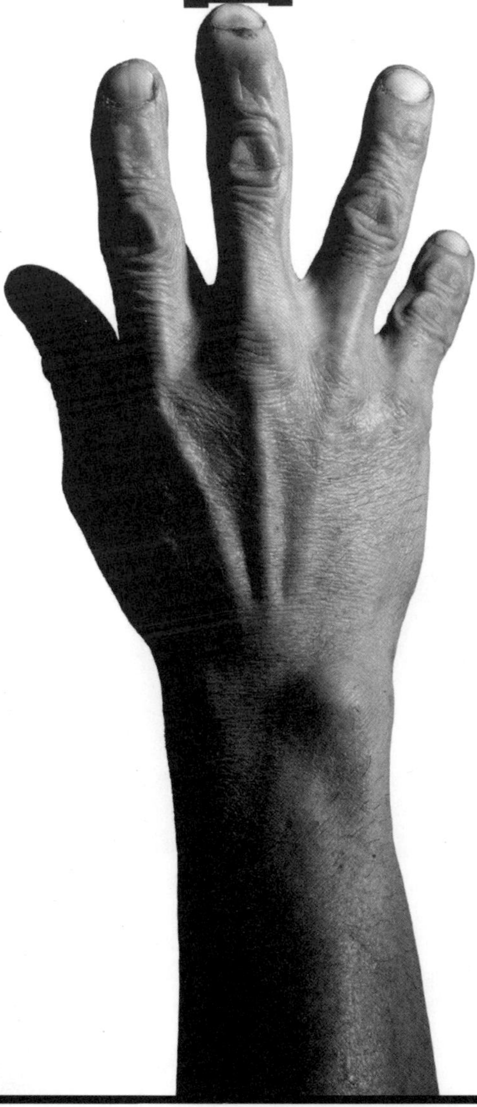

女人拿得到銀紙拿不定主意。明星名媛拿胸作勢亦拿她沒有辦法。愛情容易拿得起感情不易放得低。太多太多拿着雞毛當令箭。

命運是對手不應低頭。但自命不凡可能敵不過命中注定。亡命之徒不會聽天由命。有人命不該絕。亦有人死不信命。

見笑勿見怪。見風勿轉軚。話見又唔見。見異又思遷。小平不肯見達賴。克林頓就是見了太多萊溫斯基。

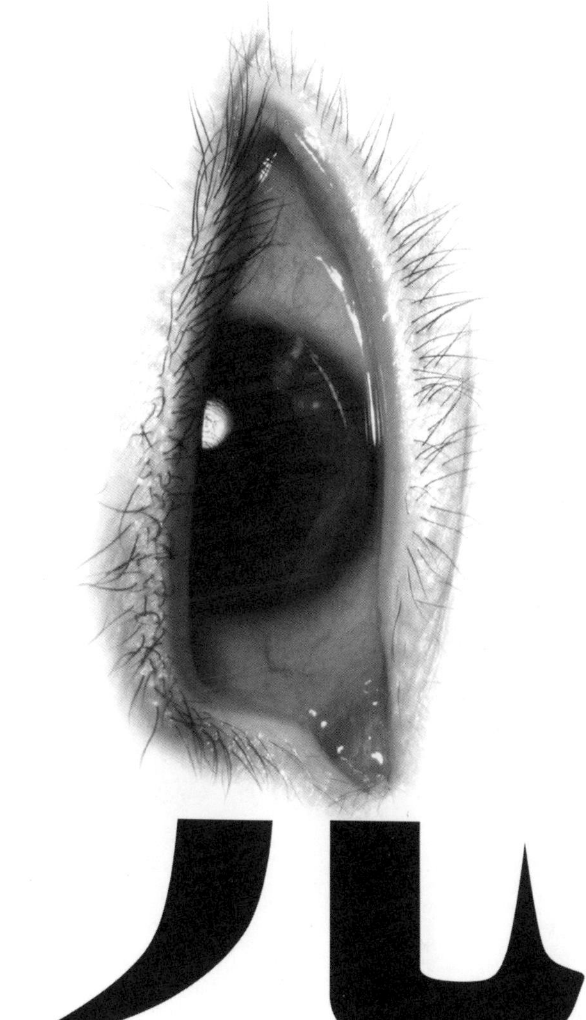

人七／射—睇戲時自我投射。開心時光芒四射。適當時電波發射。不滿時作出反射。輻射厲害還不及影射。未知戀愛是否最好注射。

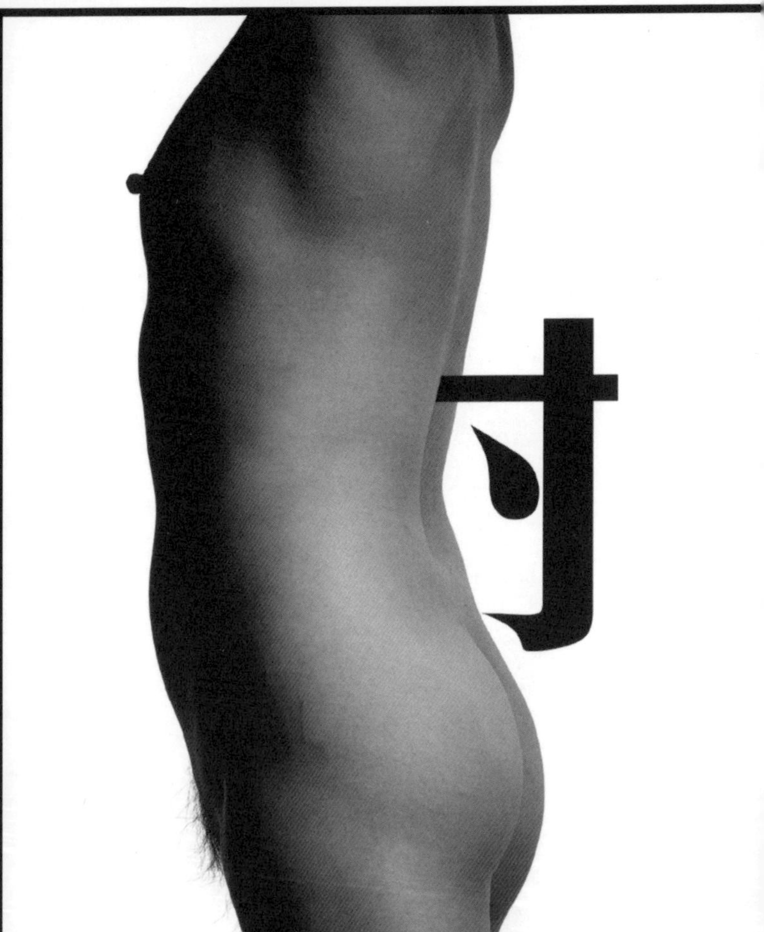

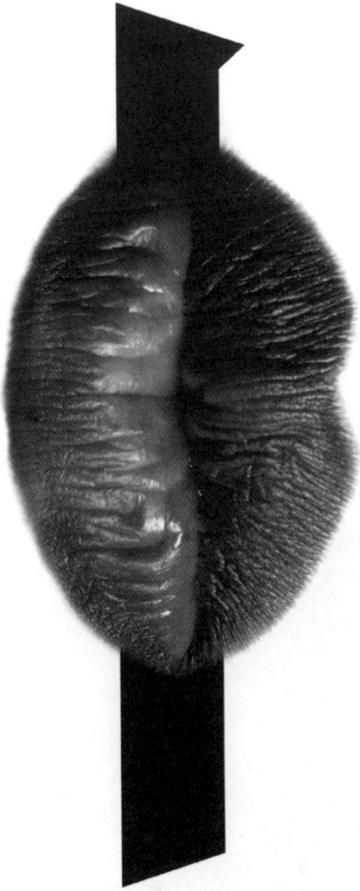

天才是無中生有。美女大多美中不足。自殺是中途放棄。美麗謊言定會正中下懷。從來只有誤中圈套。沒有雪中送炭。

一半路可以出家。前路不一定茫茫。狹路偏偏遇上冤家。順路卻未必可以同途。

←排隊中國｜電腦網站｜二〇一一｜切入、批肘、攝位、推撞……／打尖、插隊，無處不在……／車站、戲院、市場，／甚至不用先人一步的場合。／小城市、大城市……／／見怪不怪，／或已轉成為理所當然的民生生態。／／這不止是原則的問題，／這是尊重的問題。／這不止是自我中心的問題，／這是目中無人的問題。排他的問題。／／這不止是生活秩序的問題，／這是社會秩序的問題。／／這不止是快慢兩分鐘的問題，／這是國家長遠、結構性的問題。

QUEUE UP CHINA

排队中国

PÁI-DUÌ-ZHŌNG-GUÓ

無網之災

二〇一〇年四月十五日晚，完了英國曼徹斯特攝影展的開幕禮，看過新聞，改坐清晨五時火車到倫敦火車站，分秒必爭，以為保障飛倫敦的航道清晰安全狀況；徒然……火車站已發放訊息，倫敦機場國際航線已全部停飛……之後一天復一天，望天打卦，全球數以千萬計人因冰島火山灰之「天災」滯留不能上路（上飛）。／／這六天倫敦經驗，給我上了生活體驗課，切切實實學了個課題：人生無常。每天坐在朋友 studio，靠着 laptop 上網與香港聯絡溝通、工作、check 機場情況。心裡沒有埋怨老天爺，想得多了，只覺得我們的科學文明發展，已走到一個不歸之路。不久前（大約一個世紀），我們才剛有汽車代馬，然後飛機航道（也只是半個世紀）的便捷，將人的距離和時間的概念重新定義。這次突然而來的大自然現象，只令我感嘆我們一直向前、文明、方便、享受之餘，有否適應能力，一個人基本的生存活着的思維。講得再遠，我們減排碳救救地球的環保使命，科學家提出，減少飛行（以至停止飛行）的看法，除了既得利益者航運老闆不能接受外，大眾其實又怎能適應返回當日的節奏和生活意識呢？想了又想，如果一天我面前這電子網絡像今日飛機航道般出現問題，那情況會是怎樣；回到貼郵票書信往來，到圖書館找資料，或者用飛鴿將資料送到他方的她……／／不歸。科技和文明將人的生活、價值觀帶上不歸路上，一直往前，前往光芒的未知未來，又可能直往谷底十八層無間道裡去。科幻小說，社會學者先知早已寓言，說人類發明了機械人，到了一天終於被智慧等同或高於人類的它們所操控支配……／／坦白說，今天的電腦網絡，不就是在左右我們，支配着我們的意識形態。趁這一刻電腦屏幕也未顯示出問題符號之前，請你寫下你的想像，甚麼是無網之災，失去戀人，沒了唯一的溝通方法，最後足不出室，聾了，啞了。又或者像英國那大學女生上了酗網癮而不能自救。請共同幻想這天的到來，一同編寫這個電影腳本。一句警世的，一句爛 gag 爆笑的，一段動容的，一則荒謬的。甚至你認為，無網不災……

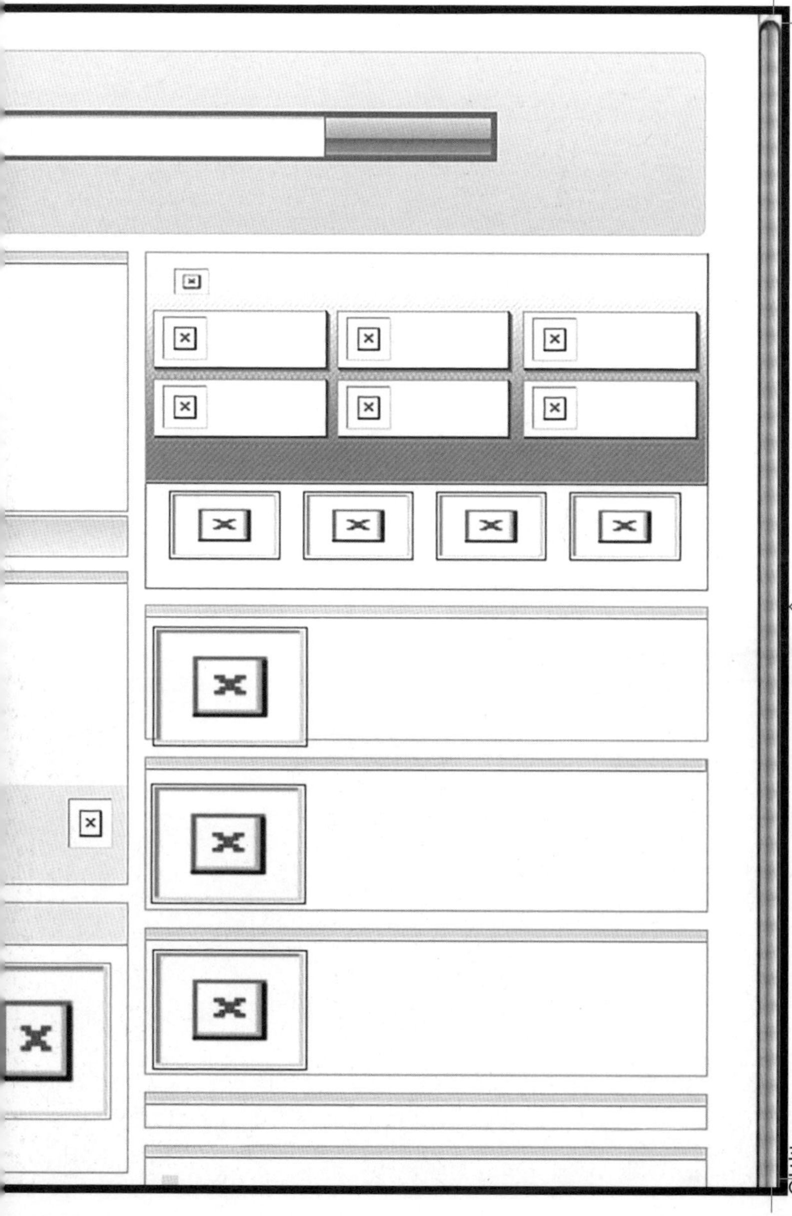

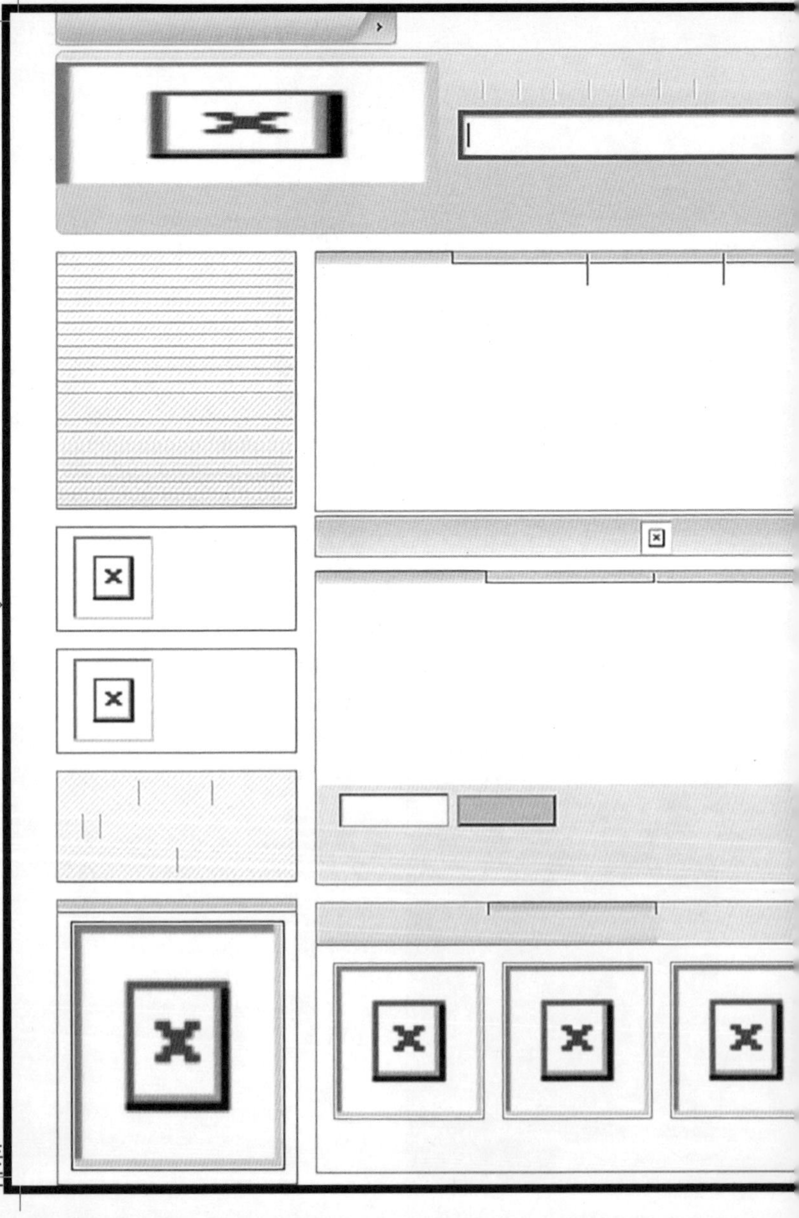

Search
無網之災
背景
無網之事
你的創作
假想無網
如需任何資料，請聯絡我們
中文
ENG

“我不否認，即使做個人創作時，的確有計算。其實做商業和做藝術，都有一套遊戲規則需要依循。你問我 Stanley Wong 和又一山人有何不同？最大的分別是，前者代表 team work，後者則是我自己話事。老實說，沒有 Stanley Wong，人家又怎會把機會給予又一山人；不靠 Stanley 賺錢，又一山人又怎樣做自己想做的東西。因此，兩個身份其實在互相協調。”

◎ 節錄自〈黃炳培　一半一半　還是百分之五〉，*JET*，二〇〇七年六月。

請記住，
你是屬於這個社會，
社會是從很多很多個個體，
很多個你或者我所組成的。
你做出的判斷、
批判這個社會，
這裡面是你有份的，
你是有責任和參與的……

你有責任同能力，
就要承擔，
要改變你覺得需要改變的東西。

◎ 節錄自〈下來說話，又一山人修復用光〉，好戲網，二〇一一年。

“with technology,
we enjoy and travel
the world which getting smaller
but the distance
between people is w i d e r...”

有次我在葡萄牙看到
Joseph Beuys 的回顧展。
海報裡他戴着帽子上路，
照片頂端寫上三個標題：
藝術家、教育家、活躍分子。
我當下覺得很棒。
我就是想當「教育工作者和活躍分子」。
我覺得我只是一個社工，
一個以城市方式帶出佛家哲學的社會工作者而已。
我從來不認為自己是個做藝術的人，
我也不是展示一件作品。

就像家課一樣，我仍在學習練習當中，
所以這些都只是課堂練習而已。

◎ 節錄自〈黃炳培：「我就像阿甘一樣」〉，CNNGO，二〇一一年八月。

❸ STANLEY WONG × ANOTHERMOUNTAINMAN

選擇的學問

人生五做，幾時先做？

兒時的夢想，蘊藏在心底的想法，所謂遙遠的目標，嘴上一直說好想做好想做的事情。現在有打算動身實踐了嗎？

著名哲學家及精神分析心理學家佛洛姆曾經在《逃避自由》一書中提出，自由不止意味着可以自由選擇，自由是來自經過自由選擇、自主行動後，對自己所作出的決定的承擔。人只有這樣做才能獲得真正的自由。

承擔，承擔一詞何其沉重；承擔，意味着對自己所下的選擇負責任，對自己的生命負責任。但負責任，是令人卻步的，一些人不願意承擔行動帶來的後果，甚至連選擇都放棄，生怕自己要負上沉重代價，於是便一直跟大隊做事，然後覺得自己是無從選擇，但實際上，有時人們倒是頗安於無從選擇，不用選擇意味着不用思考，不用主動去行動。

不用思考自己應該要做甚麼，要去做甚麼。不用思考的人生活得輕鬆。

可是偏偏，人生是由一連串自主的、不自主的行動鋪設而成。自主行動鋪墊

自己人生，不自主行動成就他人人生，兩種行動均花費個人心力時間，是競爭。當人放棄自主行動尤如放棄自己人生，而總在不着邊際地成就或跟隨他人的人生。甘心嗎？（當然，成就他人有意義的人生，也是另一種意義，是另一個課題。）

很多人的抉擇都不是跟隨自己的內心去做，總是在推搪：「我也沒有辦法啦，人在江湖。」心想一套，然後勉強自己做一些所謂面對江湖生存的事情，「沒有辦法」是多麼便利的說辭。

又一山人對此很感慨：「明明人可以不用離開武當山與其他人周旋，但又要下山將自己置身於江湖之中。人雖身在江湖，但你的思維模式不需要跟江湖規矩呀！或者參與教育多，我見很多年輕人，常常發現他們永遠都將所有東西混在一起，將理想與現實綑綁在一起談，他們會說：『我都想做一些有意義的工作，不過我又要生活又要搵食，老闆又叫我做一些沒有意義的工作。』但你總有工餘時間吧！除非你說除了睡覺，這份工作就已經迫使你用盡所有時間，我覺得絕大部

份人不至於這樣，總有數小時去hea，總有一些時間拍拖，不過你選擇了不去利用那些時間，只是無窮地放大了非理想的部份，而沒有執行你認同的或者你希望的事情。」

這不是單獨的例子。又一山人宏觀地見到這是今天新一代人的狀態，大概八年前他在新加坡南洋藝術大學舉辦工作坊，對學生提出了「人生五做」說法：「能夠做、喜歡做、應該做、需要做、正在做」，正是為了嘗試去觸及問題根源，一步一步闡述選擇的原則。他意識到，很少人可以條理清晰地將這五件事情理順。

歸根究底，「人生五做」就是選擇。

人生五做：

能做

愛做／喜歡做／鍾意做

應做

需要做／需要你做

附註／正在做

人第一個要想的是「我能夠做甚麼」。當人唸書、成長、經歷到一個階段就會懂得更多，能夠做的事情也更多，對於自己能夠做甚麼應有一定的判斷能力。但當有相當能力的人不再要求自己往後有更進一步的動力，卻是人的死穴。一個人工作了十多二十年，在這個行業已有成就，或已成為殿堂級大師，便開始停留在自己的 comfort zone。「大師擁有能力是不容置疑的，但大師還要學習嗎？昨天的大師，在今天是否需要學習新的能力，配合更有價值更有意義的新目標？很少人會去深究自己過去所習得的能力，在今天是否仍然適用。」沒有與時並進、沒有增值的「能夠做」，其實相當浪費。

隨着人在世途的歷練與學習，能力會愈來愈高，能做的事上千百萬樣，總不可能任何「能夠做」的都去做，要開始選擇到底要做甚麼。很多人選擇的準則是喜歡做。今天網絡資訊發達，大家很輕易就能獲得豐富的資訊，某程度上帶來了自主，可以選擇喜歡這樣那樣。無可否認，能夠選擇自己喜歡的東西、去做自己

喜歡做的事情是幸運的，也是幸福的。但問題是，甚麼是「喜歡做」？你「喜歡做」真的是你喜歡的嗎？

「你問設計系學生為甚麼要設計這件作品？他會說我喜歡。『我喜歡』就好像有一個免死金牌，讓你尊重他做的所有事情，『喜歡』就可以了，我做甚麼都是因為我喜歡但沒有深究因由。當然，『喜歡做』可以是實行任何事情的其中一個角度，但問題就在於，這個喜歡嚴格來說，是真的是你喜歡的嗎？我會問，這個喜歡代表了甚麼？還是只是因為受同儕壓力或者潮流令你覺得『你喜歡』？不去質疑自己或會有其他選擇的話，這個喜歡就會有機會是假象，因此我們要學會理順眾多的『喜歡做』。」

「喜歡做」、「想做」的事情那麼多，就會變成所有「喜歡做」都完成不了，因此「喜歡」都應該要分先後次序。在眾多「喜歡做」之中，應該先做哪一樣？怎樣去排序？為了事業又好、現實計算也好，選擇了並打算實踐你「喜歡做」的事，自不然就會想到為了「喜歡做」而「應該做」的事情。

從能夠做、喜歡做到應該做，只不過是朝個人的方向進發。但人不可能只顧及自己，社會就能夠進步向前。為他人也好、為社會責任也好，每個人都要想想需要做甚麼。這便來到第四個「需要做」。這個需要做不是自己需要做甚麼，而是他人需要你做甚麼，你去幫助其他人及大眾做甚麼。

這不只是看自己，而是更加宏觀地去看大眾，因為所謂的大眾，同時亦包括了自己，你也是大眾的一部份，你對大眾有

利，就是對自己有利。身處的行業好就是你好，行業不好你也不好。利他即利己。

能夠做、喜歡做、應該做及需要做這四件事情，並不互相排斥，可以互相平衡而各有不同的價值，只是個人的選擇，最後自己能夠承擔後果便可。「你說自己並沒有特別為社會的偉大理想，只顧一家大小開開心心，知道自己應該做甚麼並執行，對此我是尊重的。不是說強求每個人都要去到需要做，這四做都有着千絲萬縷的關係，需要被理順而不能一概而論。大家平心靜氣地拆解，逐步逐步分開來看便好。Stanley Wong 在市場上、在行業裡選擇了應該做那件事情，需要做

的時候就是又一山人，我知道我的能力及先天條件不好，要不斷學習，我喜歡的事情有很多未能夠實現，而應該做及需要做就行先。」這便是他一直以來選擇的大方向，各人有不同的路，取捨權衡輕重的原則也不一樣，但牽連到最後的，也是最重要的，就是「正在做」。

姑勿論前面四做是甚麼，都必須要妥善執行。有腦筋的人很多，但空想的人也實在太多，死穴就是沒有正在做。「遲一點就會做」、「退休就會做」、「現在很忙未有時間做」，總有十萬個理由「你認為」未有條件去做，因而擱置了一些純粹、真心的想法。「明明是你自己心想出來的，為甚麼不逐步逐步嘗試做出來？哪怕有多艱巨。這都源於同一問題的根源：對現實不夠承擔，對自己不夠承擔。惰性也好、逃避也好，沒有信心，不能輸的也好，種種心理狀態盤纏着。他未必沒有能力，只不過他有很多心中的障礙，無法啟動而已。」

很多人甚至害怕說出自己的目標，因為怕真的要開始動身去實行。又一山

人以上車作譬喻：「**坐車的過程中，車有可能會壞，或者遇上諸如塞車等種種因素，而無法一帆風順地走到目的地。但若果你根本沒有上車，談甚麼目的地？**逃避了，不是對社會逃避，是對自己逃避。如果你不時刻提醒自己，有很強烈的意識說要去做，你根本就不會去做，忘記的忘記，逃避的逃避，太辛苦的又不想做，最後就沒有做了。正在做是對自己的交代，對自己意識上的承擔，不論你實際條件上是否能夠做到。」

人。
憂。
則優。

從心出發，跟隨自己的心意，認真去執行，沒有違背自己心意，這個狀態就是佛教所說的自在。勇敢一點，心動不如行動吧！

我相信如果每個人能回答這五件事「人生五做」，就會很清楚，經常用這個問號審視自己。有的人說，我就是沒有很大的理想沒有社會責任心。如果你想清楚你的為人就是如此，我選擇了應該做，需要做的部份我不參與，這也不是比較，這只是你作為你而已。我強調每個人都可以思考，但答案是甚麼因人而異，大家應該互相尊重。只是很多時候大家都不去思考，而是下意識去做了，沒有發揮到自己最本質，沒有從心去做。作為一個地球人，我更希望我們應該有更多社會責任心。◎節錄自〈又一山人：作為創意人，我們應該有更多的社會責任心〉，雅昌藝術網，二〇一八年七月。

創作的精髓

走在自己前面

二〇〇六年，Stanley 為香港寬頻創製了一個廣告，找來當時首個在奧運會短跑一百一十米跨欄贏得金牌的中國人劉翔拍攝，廣告的標語是「走在自己前面」。

走在自己前面，聽起來很玄妙，自己怎樣走在自己的前面？但細心咀嚼，這句說話的意思層次豐富，需要經過慢慢沉澱，才得領悟啟發。第一層意思是關乎自身的進步，第二層意思是跟他人比較必然失敗的事實。

關於第一層意思，這句說話強調的不是如何在一場比賽中勝出，不是要與他人爭個你死我活，重點是自我修行，是自我與自我的比較，想方設法比起本來的自己更加優勝，比起昨天的自己更進一步。要有能讓自己繼續進步的心，也是 Stanley 的創作宗旨之一。鞭策自己進步與成長，是對自己的承擔。打從出生那天，他就已經不斷給自己有新的目標，新的進步，這也是他創作的原動力。

香港寬頻 TVC ↗

0.00. 11.36
香港
寬頻
bb1000

CHINA

在今天的香港，新一代人都面對着太多不穩定因素，不論經濟上、政治上，都讓人產生了巨大的不安與無力感，不知道是否仍有明天或者不能預見的明天，所以不夠膽去想一些計劃或者將來。「我明白這是現實的一部份，但也不應該因為這個現實的框架而斷定自己，在嘗試之前已經妥協，先打敗仗？『買不到樓，人工又低，反正也不會富起來，算了。』為甚麼這個城市能決定你的所有？為甚麼會覺得自己是零？」

在年輕人之間，總是流傳着一句說話：「我覺得自己是零。」這句說話源自年輕宅男阿源（梁文源），他在接受無綫電視時事專題節目《星期日檔案》（主題為「雙失青年」）時提及自己沒有女朋友、沒有樓、沒有工作、沒有錢，前路茫茫，因而說出了「覺得自己是零」、「這些機會不是屬於我的」這類悲觀的說話，引起了年輕人的共鳴。他在節目中的畫面，常被年輕人截圖用來表示自己的感受。

「如果阿源是零，我在一家七口中我就是負資產！」又一山人笑說。又一山

人小時候曾被家人在他背後認真感嘆的說過：「生嚿叉燒都好過生你。」比起阿源的情況，實在是有過之而無不及。

現在的阿源，已經結婚，更有一份不錯的大學圖書館工作。

「其實就像楊利偉說的，機會是留給有準備的人。」又一山人聳聳肩。

「很多年輕人都感到時不與我，所以常說晦氣話。嚴格來說，歸根究底都是對自己不夠決心和承擔。你看，今天的阿源都已經不再是當天的阿源了，怎會是零？**人不會是零的，零的人是一定會贏的，因為他總會有一分，八分到九分的進步不會大得過從零分到一分。**」

承擔可籠統地分兩個角度看，第一個，是對自己的承擔，怎樣有進程地向前，不論是知識、經驗或是做人的態度，向完善進發。如果沒有這個承擔，就沒有要求自己向前的進程。而當第一個承擔健康地運作，第二個便是對周遭的承擔，無論精神上、時間上、能力上都可有不同的程度，做義工如是，扶婆婆過馬

路如是，做教育工作如是，或者額外去推動其他人為身處的環境參與及付出更多，不一而足。

又一山人經常面對年輕人分享經驗，如何認真做一個人？這是他最大的目的。「大家先去想想自己到底想怎樣，一下子未必想到，但必須意識到要投入思考；因為大家都不太去想，拖延症發作，覺得太困難就逃避去想。有些人甚至意識不到，即使意識到也跳不進去那個話題。」創作最講求 think out of the box，前提是要能打開自己的思維方式，漸漸推開社會共識既定的邊界與「理所當然」的規範，給予自己更多可能性。很多時候，創作人都受着不同的因素捆綁而選擇故步自封。說穿了，那些所謂令人卻步的「因素」，其實只是不願意逃離舒適圈，不願走進自己覺得不安全不習慣不適應不能掌握的處境。

「所有你種下的因，活下來的經驗累積，全部都是機會的支撐，造就你如何迎接那個機會。楊利偉的案例較特殊，可能訓練一輩子都沒有機會被選中上太

空，但他仍然要準備，對科學的使命感，對做人的追求。他的準備當然是極致的準備，但對我們來說，準備只不過是有意識或者用你的心去累積生活、體驗和能力。」

人的成長一定會累積經驗，不論經驗來自逆境還是順境，困難的容易的，從而增加知識，人生閱歷會更加成熟及豐滿，胸襟會更加寬廣。身處於不同的環境便會有新的身份，會從新的崗位再出發。又一山人從廣告界高層職位，毫無留戀地轉身走向廣告導演崗位，以至後來以個人創作宣揚「人的和諧」的社會價值。他坦言，如果沒有「人的和諧」這個目標，今天可能仍舊是營營役役的廣告人。「當你不斷給予自己新的目標並朝着這個目標實行，相應你就有不同的責任心，而有不同的崗位，就會一直走到下一個目標。因應社會大環境，我再而為自己定立新的目標，不斷擁有新的工作。這就是我想做到的事。」

「大家放膽去投資，將自己放在那位置上，時間會證明的，大家有沒有這樣

的情操及氣量去面對時間這件事？不是判斷三年買不到樓就拜拜了，而是十年，二十年，放膽去投資自己？只要現在開始，永遠都還來得及。」

另一個走在自己前面的意義，正是不以個人利益先行、個人喜好為目標，而是要將社會價值、人文精神放在創作的前頭。

走在自己前面。

Whenever I give a talk, as a lecture or in the classroom, no matter who the audience is, either college or secondary school students, I always bring up this subject.

We all know Hong Kong is a very competitive city, for good or for bad. But I never compare myself with others (it is a given personality). To me, it is always a lose-lose situation. When you compare yourself with those who perform better than you, or who seem luckier at this point, you feel

bad and become emotional–getting yourself into an even worse state. In reverse, when compared with those who are not performing as good as you or having the luck that you have at this moment, you will also get hurt. You will pace up and down and not try harder to achieve a feel-good situation. To me, I believe in 走在自己前面 (ahead of myself), I need to be a better person than I am today. This is more realistic, reasonable and responsible towards oneself by setting this target, not just comparing with others with no ground to base it on. How can one beat Tyson and at the same time win over Tiger Woods (i mean when he was no.1)? One has got strength and interests, and life is about making different choices, the only thing we need do is to be committed, just do it, and think "I will do it even better tomorrow". This is good enough.

出入中、小學禮堂、大學，以至公開講堂，當談到前途競爭時，我都是回到我的邏輯上。無論從好與壞的角度看，香港是一個超經濟競爭型的社會，形成人與人都潛在比較抗衡的血脈和心態。多謝上天給我的性格，不知為何，我從不與身邊認識的，或不熟悉的人比較。（從不！）對我而言，跟他人比較是個雙輸的局面。

其一，當你跟現在較你表現好些，或運氣走得高些的人比，你

當然不好受，想多了，影響心情思緒，事情就做得更不在狀態。第二種情況，你跟這刻表現或運氣較自己差一點的對方比，而沉醉在感覺良好的狀態，就會潛意識放慢自己，像龜兔賽跑的白兔，賽果大家都預料到吧？

我相信「走在自己前面」。我就是我，就着我的條件、學識、背景、能力，做好自己的今天，明天要比今天進步。相信這樣的目標是理性和現實的。沒有一個人能戰勝全世界，能在擂台上打低泰臣的人，亦同時能在高球場打贏 Tiger Woods？在占士邦的劇本裡都不可能吧。生命中有無數的決定和選擇，選定了，每天就走自己的路。人家說：「贏人要先贏自己。」我更聚焦在「贏自己就是贏天下」。

精神價值

甚於表現形式

創作人總是費煞思量，在形式上不斷尋求突破。先訂立形式，創作天馬行空的構思，再賦予作品內涵及意義。表現形式固然重要，但又一山人認為，創作更要講求精神價值，以精神價值先行的作品，才會流傳後世，深植人心，甚至可以改變大眾的思維模式。

「我經常說要從手段上超越是很困難的，做平面設計、服裝如是，如果你要從美學手段去超越，是一種強求，世界上也沒多少個John Galliano（被喻為天才時裝設計師）、畢加索、梵高等。八十年代在平面設計圈成熟期，造就了靳埭強探討的傳統當代演繹與陳幼堅的『東情西韻』，他們已經是罕有的個案。如果表現形式不能讓你突破發揮，便應該要從內涵、訊息去講一個獨特的故事。譬如紅白藍，本身就不是石破天驚的東西，一直都存在，只是我賦予了地道的講法，增添了內容，而並非形式上的突破。大家創作都很忽略內容，經常說因為『很有趣』而創作，說白一點就是沒有內容。當人人都做，視覺創作人往往抱持人有你有的心態，所謂你喜

歡，其實就是沒有落腳點，變得沒有故事沒有內涵；在美學創作上，又沒有達至原創的身份及價值，你還可以說甚麼？」

現時社會大眾愈來愈重視本土文化，創作人也傾向發掘更多以往香港獨有的文化如摺鐵皮、紙紮、活版印刷等，將傳統以不同形式轉化，變成另一大眾更樂於接受及喜愛的新穎形式。然而這種轉化彷彿只為將一種文化轉換成潮流符號的一部份，熱潮過後轉眼即逝，短暫而片面，沒有深植到大眾的心目中，甚為可惜。歸根究底，正是因為內容上沒有被認真深化。

科技資訊帶來人類寬度和速度，不是深度，反之然，愈來愈淺。

「應該要退一步去想怎樣將這種東西往前推進，這需要大家沉澱與思考，不

是大家熱情一下，只是將東西發掘了出來就算，大家的思維不要回到網絡式消費。以形式來說，將傳統手工藝轉化，就會變成另一件產品，都只是虛耗地球的資源，多一件新產品而已，除了商業上的競爭，並沒有特別大的意義。從文化的氣息或根源去看，我希望看到的是，他們可以怎樣將這些文化、歷史、經驗傳承，並提升及轉化到另一個更有意義更高的層次。」

我在年輕的時候也經歷過「時尚消費」的階段，或者說，香港經歷過一個潮流和物質都很蓬勃、大家都很興奮的年代。回想過去，我想，當你不知道可以選擇的時候，你就會認定那是唯一的最高指標，最享受的一個狀態。但是如果你將視野和心靈打開，看多一點、感受多一點，如果你能有所比較，你就知道甚麼更加有意義。◎節錄自〈香港藝術家又一山人：設計是探索美好和內涵〉，中華網，二〇一二年十一月。

將紅白藍這種形式轉換為一次性的消費產品，誰不懂？高級時裝品牌 Comme des Garçons、Adidas、Celine、Louis Vuitton 與 Balenciaga 相繼推出過紅

白藍服飾、手袋，它也可以變成一件衣服一對鞋子，但也只屬產品的商業炒作。但偏偏，又一山人將紅白藍轉化成香港的勤奮上進、堅忍不拔、守護家園的精神價值。怎樣可以提升至有意義的層次，甚至將其變成一種精神，就需要創作人拷問自己最內在，觸碰自己心中覺得最有價值、最重要的精神意義。但精神意義關乎文化歷史，需要時間沉澱與思考，在今日講求快速即食的社會，在人人意識都被訓練成愈快愈好的狀態下，若無慢下來的心，便無法傾聽自己內心的聲音。人云亦云，只看整體商業環境，只會變成商業炒作話題。「我不可以說這完全是壞事，但不應該僅止於此。著名日本設計師原研哉反覆思考事物的本質，將日常生活用品從物料、質感方面着手重新設計，甚至去思索、深化『家』（無印良品《家》海報）的既有概念。要去到這種探索，我才覺得是用創作人的身份找出事物價值所在。」

近年很多香港創作人的作品不具探討性，已非朝夕的事，其他華人圈內人都看在眼裡，說到底，沒有再花心力往前推進，不只是懶惰沒有探問自己內心，更

是因為商業炒作比起深耕細作更快更易得到名與利。又一山人觀察到，很多創作人處身於商業創作系統中，問及其創作意念，首先必定是「我喜歡，我想做，我有自己的美學」，再附加上「做出來的作品大眾又喜歡又有型」，作品就被創作出來了。他認為這不過是虛偽：「經過計算後的『大家』其實就已經不是你了，會做出來其實不過為市場、為名利，只是說不出口。為商業而商業是無可厚非的，我都會參與其中，但我不安或者不甘心見到的是，明明有很多空間、平台可以讓你在市場發揮自己，偏偏力氣不足。如果大家不走多一步，或者邊走邊行多步，帶動群眾的品味及創意的接受能力；如果沒有市場及群眾有更高的要求，那行業就不會有拓闊空間的可能，最後受害的便是創作人自己。」

八十年代香港經濟起飛，社會資金充裕，稅制簡單，旅遊方便，吸引世界各地的創意人才濟濟一堂，因而產生東西方文化交流的衝擊。當時的香港創作人見識廣眼界闊，創意圈發展蓬勃，題材多樣化，遠比其他華人社會如大陸、台灣走

得前。八十年代第一代華人設計師如靳埭強、陳幼堅，他們的作品強調中西融合，將東方傳統結合當代，賦予兩方文化新面貌、新底蘊，並建立香港設計的特色，將香港的設計帶到國際舞台。

然而當現在大陸、台灣已開始發展創意產業，思考如何將既有傳統文化、歷史、美學透過創作傳承、深化時，香港創作人似乎仍然停留在探求「我喜歡」的階段，或被網絡世界中的全球化沖刷。受近二十年歐洲美學主流風格影響，香港的創作重回西方中心主義的表現形式，形式上好像走得很前，但遺憾的是，這種西方風格本來與香港本土生活大相逕庭，香港的特質也沒能與之結合，反之被全盤吸納，因而失去了自己的內涵、面貌。

「**香港人為何要用西方的視覺語言去溝通？這是否就代表進步？我們有沒有自己？**如果大家都不深入挖掘東方文化或者當代命題，就會模糊了自己本來的面貌，對今天的當代價值起不了作用。看看今天的日本，她有兩個面向，一是顛覆

傳統，帶來新的視覺衝擊；二是仍帶東方情操，如著名設計師永井一正、淺葉克己的設計具有東方氣息之餘又有當代氣度，是很難得的。在日本，大家是互相尊重並不排斥，年輕人勁爆就爆吧！老人家也沒覺得怎樣，很平衡包容的狀態。

但回看過去二十年，香港是一面倒在歐式美學的潮流中被同化了，隨波逐流，香港真的要重拾自己的面向。」

紅白藍

要與社會同步

又一山人與大部份其他視覺創作人相比，有一雙不一樣的眼睛。

藝術家會將自己的情操、觀點、感受、創作表達出來，沒有甚麼時間性，講的是「我怎樣看這個世界」，將自己想表達的訊息跟聽眾分享、對話，有時候，甚至可能不過是與自己對話，或幾近形而上地跟隨自己的感覺走，乃至不需要觀眾，或任由觀眾揣摩。

而又一山人的創作，總是強調要與社會大眾接地氣，這是基於多年廣告的訓練。「但廣告不是這樣的，你今天放了一個廣告出街，要很明確在今天這個社會、地域，到底要給誰看，同步是很重要的，五年前的說話在今天已可能不合時宜、無關痛癢。『時機』是我從廣告創作訓練出來的，廣告一定要有對象，你表達的訊息一定要適用於今天。所以我在做創作的時候都很留意，有甚麼議題值得大家今天去探討。」

他做個人創作，都在說今天的社會狀態，應該要說甚麼話，有甚麼應該說、

值得說。他主張從受眾的角度出發，而非從自身出發、從個人情感出發。「那我倒不如寫日記就好了？有些藝術家或者會以這種思維創作表達，但這不是我。」

不要說以前多棒，那是廢話，也不要老是看履歷，那是過去的事，每天起來都當一張白紙很重要。◎節錄自〈「不要說以前多棒，那是廢話」：認真生活的定義，是即便堵車仍覺自在〉，*A Day Magazine*，二〇一九年三月。

觀眾常說他的展覽具有感染力，看後會反思自己的生活、人生。感染力其實來自貼地。

二〇一四年一場社會運動後，ifc 商場找了 Stanley 公司八萬四千溝通事務所（於二〇〇七年成立。八萬四千取自八萬四千法門。八萬四千古印度語及佛家語意指數目無窮之大、範圍極廣，而八萬四千法門是佛陀應對眾生煩惱所設的法門。）去做形象廣告宣傳，但他卻沒有朝着大眾吃喝玩樂 enjoy life 的方向進發，因為他覺得不合時宜。「在運動以後，全香港都再沒有那種心情去消費和玩樂。」就在整個城市最不穩定，最徬徨，最不開心的時刻，他要帶出「Life is Beautiful」的訊息。社會不開心，大眾意志低沉，一下

子對前景、對生活、對將來失去了希望。失望，但不能絕望。要重拾希望，就要去發掘身旁美好的事物。甚麼是美好的？與家貓知己相伴是美好的，與家人團聚是美好的，四季是美好的，碰見很久沒見的朋友是美好的，身體健康是美好的，也不止關乎消費 feel good 的價值，是生命的價值。

當人人都談到生活，要 enjoy life，但 life 和 living 是兩回事，大家努力餬口，讓自己生存之後，才說生活，卻沒有在 spiritual 及 emotional 的層面上思考一下：到底我們是否真的那樣差？香港人實在太忙，沒有聚焦親情、友情及其他地方，但其實身邊還有不少好東西，我們卻沒有欣賞它，無論人情味，還是不錯的天氣，都是值得人高興的事，都能夠找出一些價值來。老實說，life 真的不太 beautiful，打開電視看新聞就知道。即使大家看到這個 campaign，那些生命裡不美麗的部份，並不會因而消失掉。我們是香港的一分子，有事必然要面對，但如何保持正面的心態去生活，以不同角度去面對所有事，包括享受 lifestyle，這是一場 revisit 。回歸前後，

↖ ifc TVC

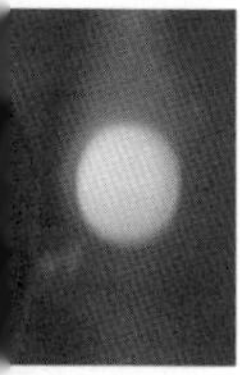

beautiful : like father like son

seeing old friends again

beautiful : good health

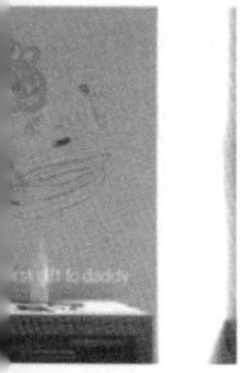

beautiful : changing seasons

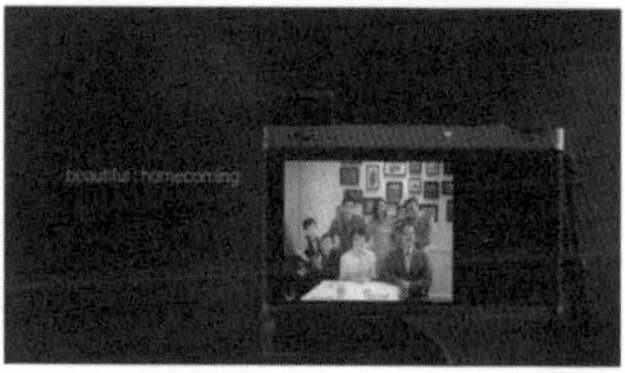
beautiful : homecoming

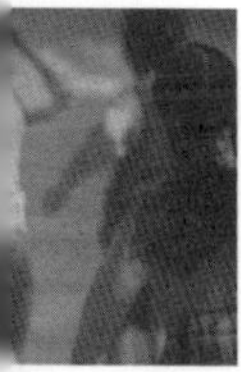

life
is
beautiful

beautiful : talking heart to heart

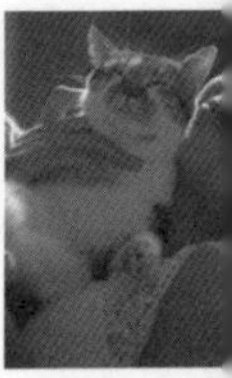

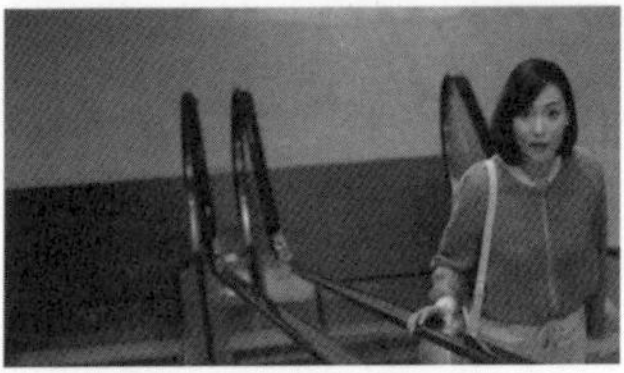

beautiful : planning a holiday

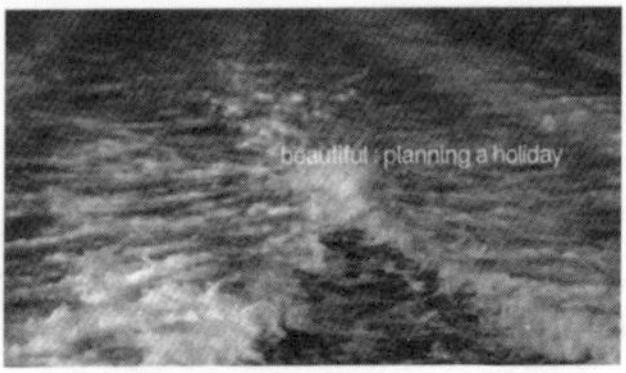
beautiful : planning a holiday

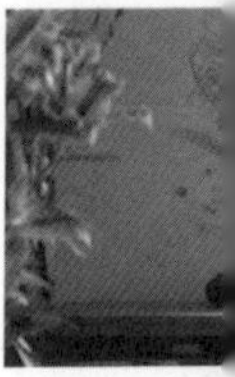

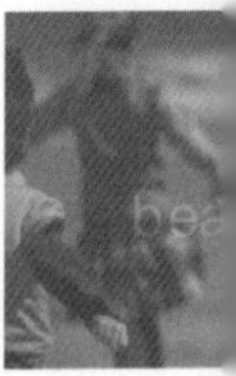

←**大家樂—二〇一七**—大家・樂也融融。／／大家樂走進香港人生活快將五十年，在半個世紀中……大家一起拼搏，由漁港變成今天的大都會，大家守望相助，傳承獅子山精神。大家共同渡過，風風雨雨起起跌跌的日子。／大家。共融。相信是今天香港人生活的重大課題。面對眼前種種的同時，騰出心情讓大家走進大家樂內，意識香港一家人，大家樂也融融的昨天、今天、明天。／有大家，才有快樂。

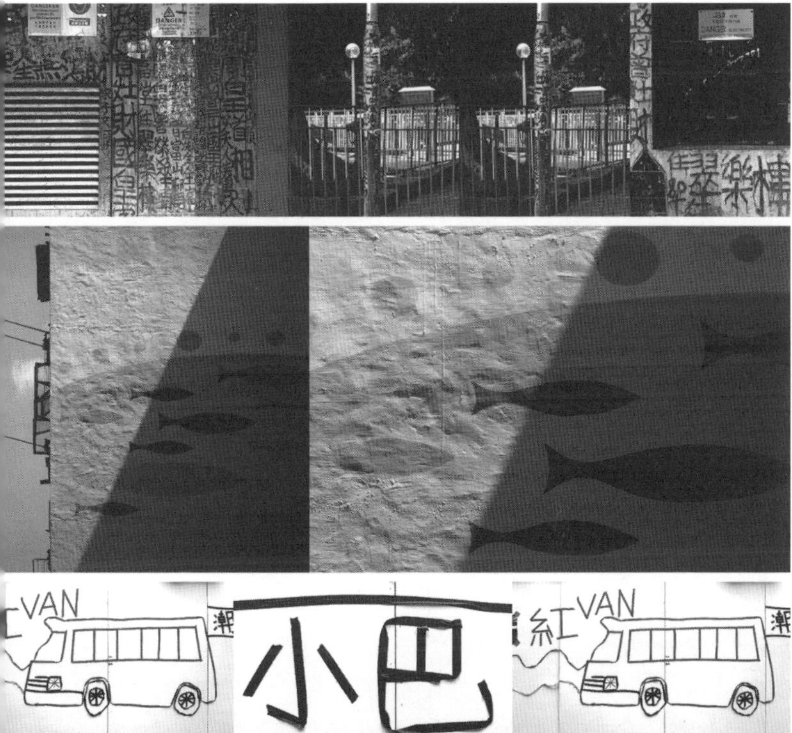
DANGER
VAN
小巴
紅VAN
一七一

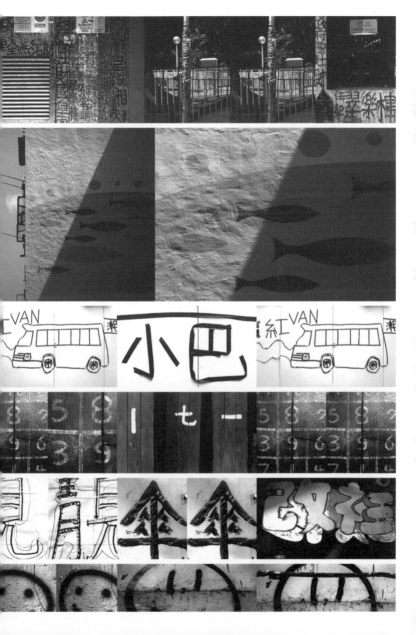

甚或在兩年前的社會和政治氣氛下，這句話的 chemistry 與今日已經大有不同，但我覺得「Life is Beautiful」在今天說出來，別具意義。◎節錄自 *ELLE MEN*，二〇一六年七月。

沒過多久，大家樂又找 Stanley 做第六代形象店策劃。原本店內的風格主要用上歐美風格調，牆上是巴黎鐵塔、卜倫橋等黑白相片。以往大眾着重西方價值，但運動過後，大家的心情、價值觀已不再一樣：西方景物，與我何干？但要做「香港」，談何容易？大眾對於香港的定義已不再一樣。既然如此，他就想到將香港轉化為更貼身親切的社區。他以十八區劃分，主打當區文化，「我們去拍攝各區的日常生活相片，放在店內，以帶出睦鄰關係、人情味。」

怎樣落地，怎樣連接？其實最重要是有拒絕故步自封的態度。又一山人曾經擔任《明報周刊》Book B 的美術改版和創作顧問，之後更做了一個品牌建立的項目「讓生活起來」，重新探討《明報周刊》的價值觀。跟團隊拍檔龍景昌和三三選擇了一些對生活對城市很有態度的人如林超英、林夕、陸恭蕙等，並帶

來一件他們認為能夠代表自己想法的物件。又一山人手持一張白紙，寫道：「**維持心情像白紙一張，與時刻改變的世界互動**。」昨天的東西，今天可能已不再適用，沒有所謂的理所當然。白紙意味着必須保持中立、客觀，不要累積過去既定的東西，將自己腦海跟眼前當下互利互動。

我常說，人必須睡八小時，但這個世界在這八小時間其實沒有停下來，仍然在運作，只是你的身體需要休息。在你睡醒以後，

地球已經向前走了八小時，世界、市場、城市不斷變。

人不一定要時刻追趕上時間，卻必須意識到世界不斷地改變，而不要故步自封，不斷變的地球與不斷變的自己，怎樣去找出值得互動的空間？放下既成的概念，與世界共存配合，融會貫通。世界要更新，電腦要更新，其實人也要同步處理。

他慨嘆，有成就的人用既有知識享受得到好處的狀態，而沒有與不斷變的自己及世界互動，或者沒有強烈的意識去投入。更令人難過的是，其實很多創作人都沒有這種想法，只是停留在自己的世界。「偏偏我做廣告訓練就有這套邏輯思維。怎樣與社會共存及配合，慢慢累積出來，如果我過去十幾年沒有持續做教育工作，面對新一代人，我也不會有這麼強烈的落地意識，不會知道世界是怎樣，

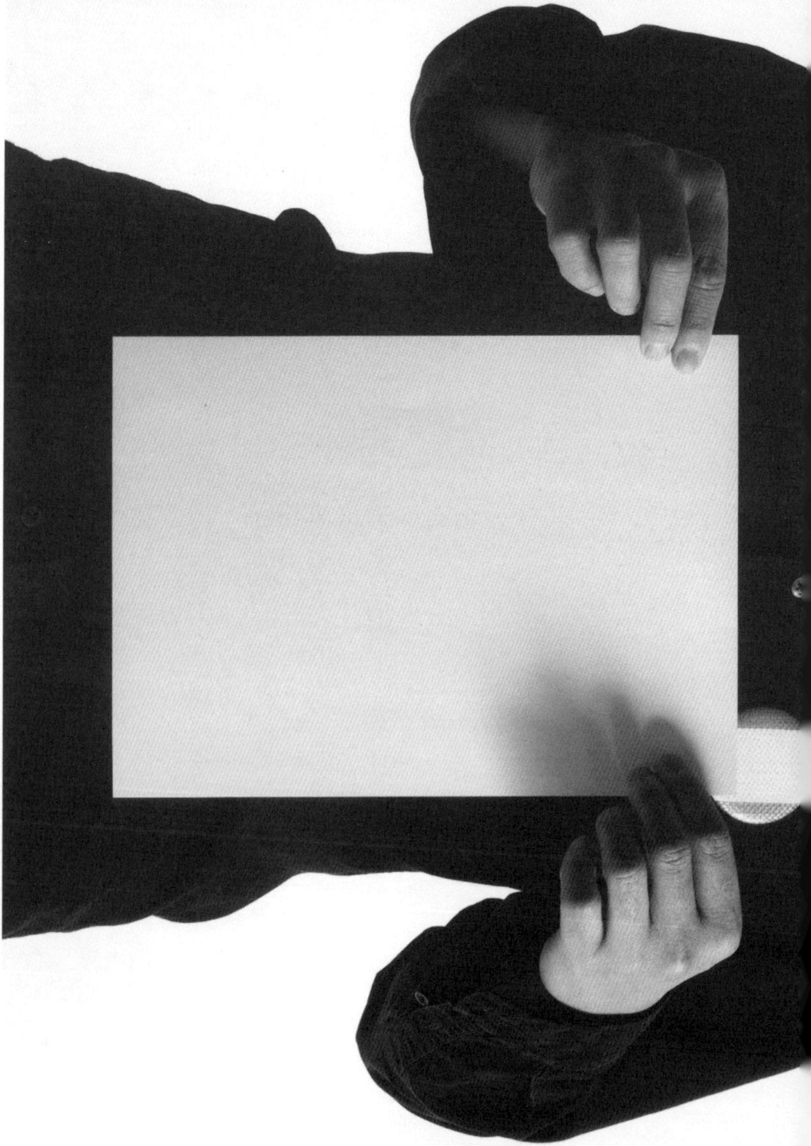

我不可能與他們對話。」

現在社會已經到了過度設計和過度生產的地步。眾所周知，全球市場已經承受不了這麼多設計所生產出來的產品。這是一種很不環保，很不健康，惡性競爭的情況。人們都理所當然地認為這是經濟掛帥、經濟競爭產生的必然狀態。但我們不能後知後覺，從今天找設計應有的角色、責任，恰如本分做好要做的事情。如何在商業的參與和對社會有貢獻價值的部份進行平衡。世界是在變化的，我認為身為創作人、設計師，需要有責任心和前瞻性，推動這個社會不要太偏執。◎節錄自〈設計邦專訪 Stanley Wong 又一山人／Idea On Design／國際設計大會／設計連接世界〉，《設計邦》，二〇一七年。

三十×30

創意可以有很多角度

又一山人明白，在今天的香港，年輕創作人總是偏執地認為只能在商業及個人喜好之間搖擺，而沒有想過創作可以有更多面向，在社會中發揮更大的作用。他決定要做點事情。在他將到五十歲的三年前，他就已經開始構思「What's Next 三十×30」(二〇一二)展覽。如果整個項目可被視為又一山人的創作，這個創作可分為兩個部份，第一部份是又一山人與創作人的對談錄，他花了兩年時間訪問三十多位他尊重、敬佩的創作人，包括靳埭強、山本耀司、淺葉克己、原研哉、蔡明亮、Stefan Sagmeister 等，然後再以數年時間整理將訪問結集成書，以開放的態度觸及社會議題、理想價值及時間生命，談教育談創作。第二部份

WHAT'S NEXT 三十×30

是又一山人讓對方選擇展出一件作品，又一山人再以個人創作回應對方，以碰撞出火花，並在香港及深圳兩地巡迴展出。

他花費那麼多人力、物力、時間，藉口要為自己三十年創作來個小總結，其實更想透過展示三十一個創作單位（包括自己在內）對社會關懷、個人的價值觀和理念，讓年輕一代看到創意可以有很多角度，冀望大家不要忽略創意中更有價值的地方。

這三十個創作單位有何特別？共同點在於，不在乎他們在商業方面取得重大成就，而是重視其創作中社會價值及精神價值的部份。「很多時創作人都會一面倒去講創作就是個人表達或者商業價值，我想藉這個空間去提出一個議題，希望大家不要將創作看得那麼單一，創作可以有社會價值，以及探討更大議題的目標。我故意挑選了那三十個創作單位，他們遠超了個人與商業的行為。那個年代很多創作人，創作很多時只關乎個人感受，不是從社會價值出發，但這三十個創作單位卻開拓了另一個別具意義的世界。」

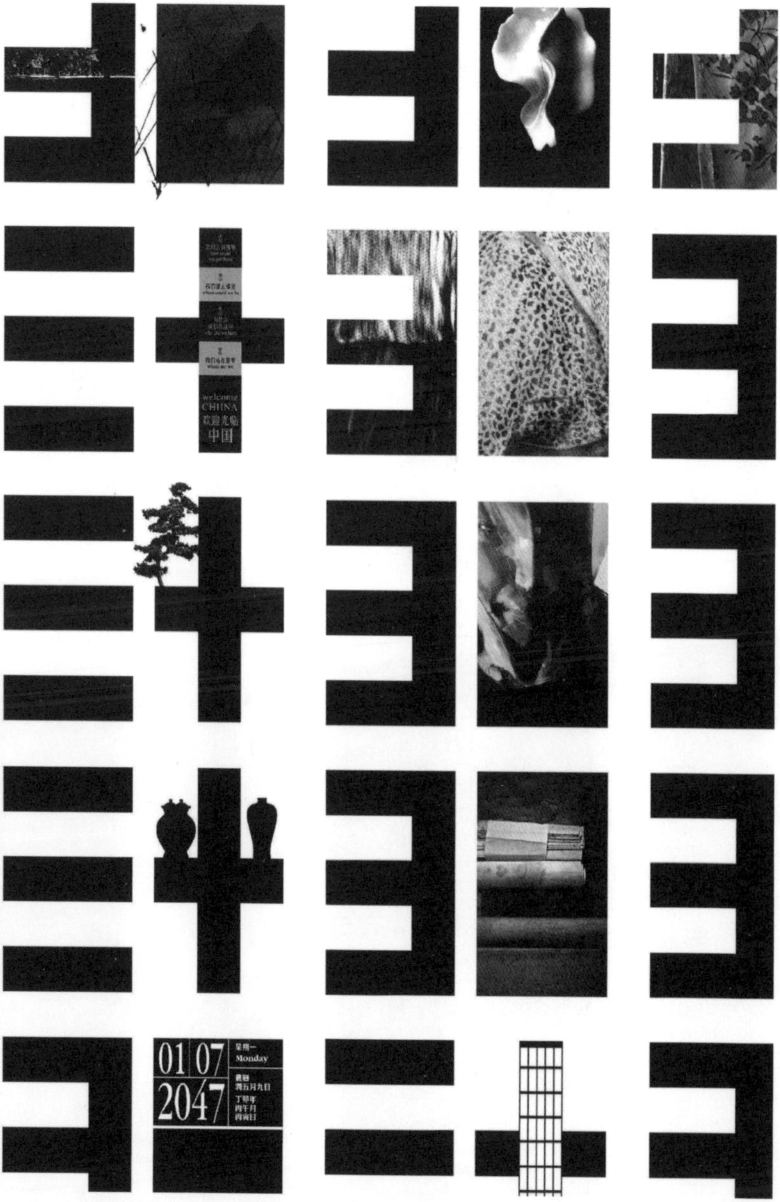
welcome
CHINA
欢迎光临
中国
01 07
2047
星期一
Monday
农历
闰五月九日

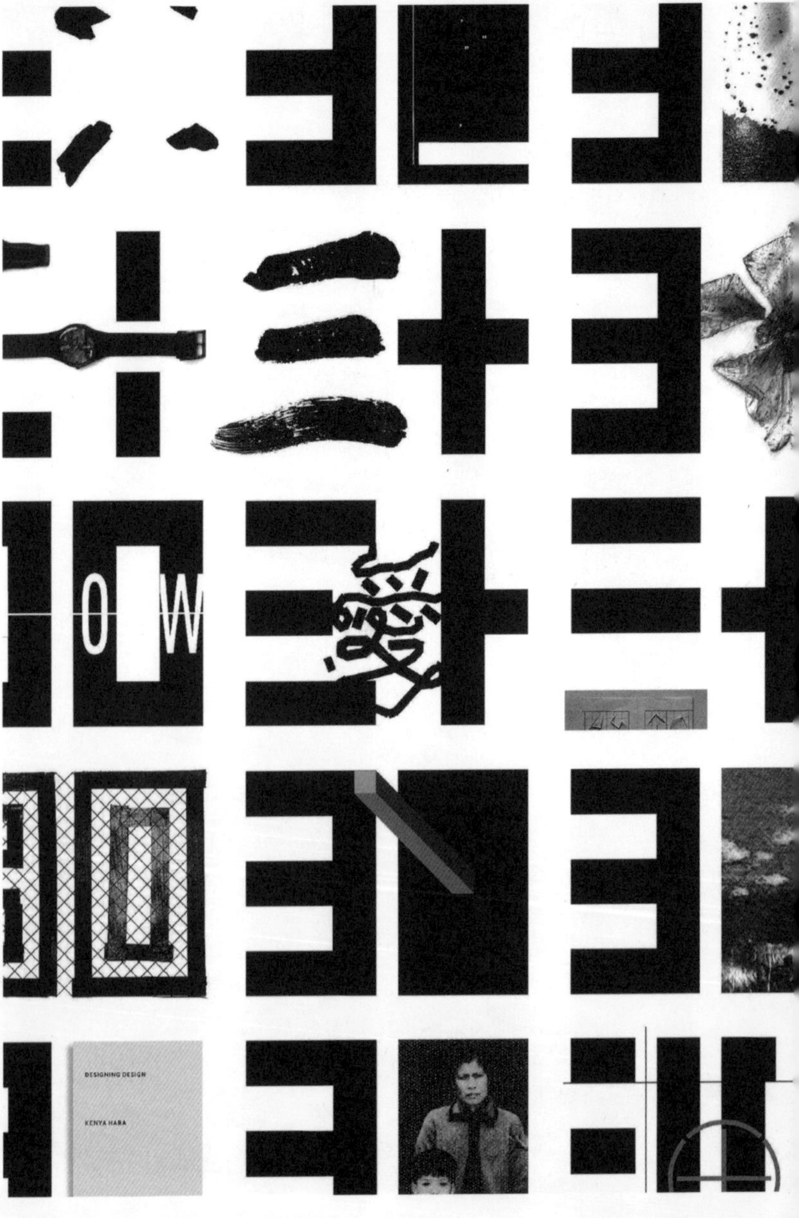
O W
DESIGNING DESIGN
KENYA HARA

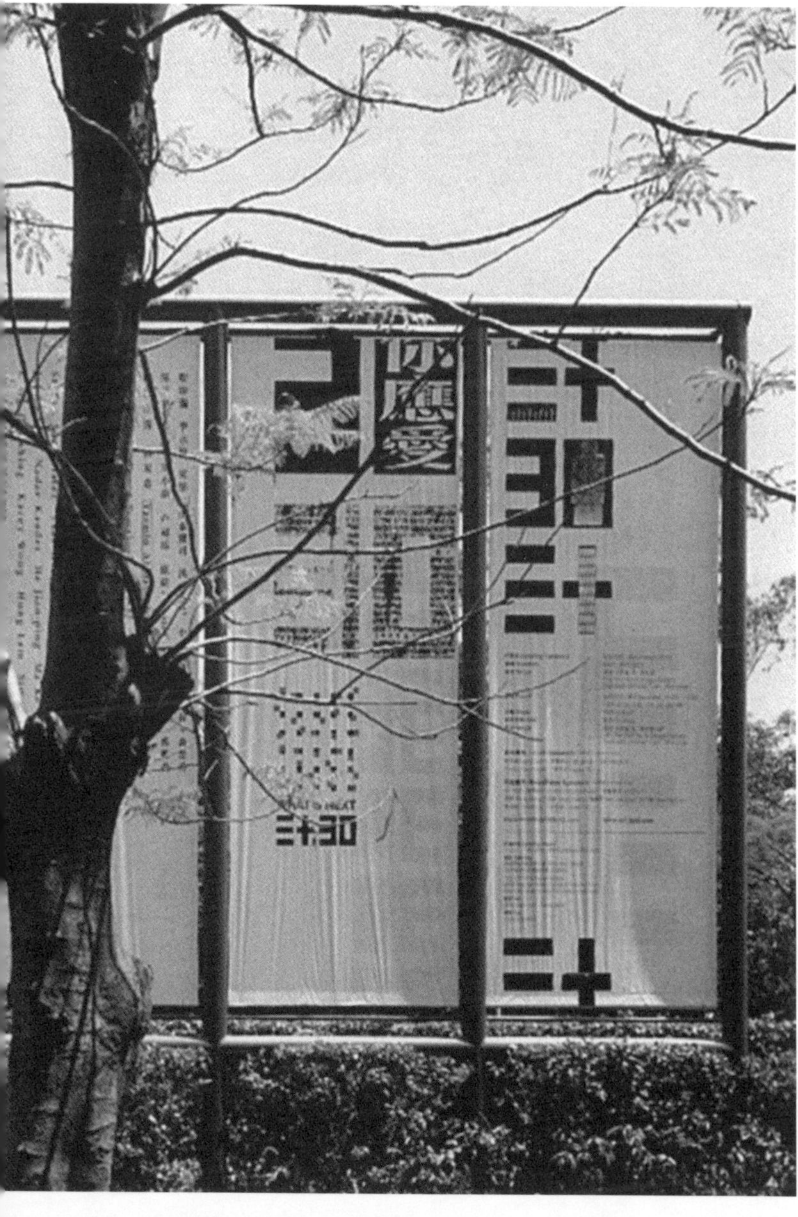

Next 30×30 Creative Exhibition
25/5/2011

共創
WHAT'S NEXT 30 / 30
又一山人
對話
WHAT'S NEXT 30 / 30
Stefan Sagmeister
John Clang
Nadav Kander
Yasmin Ahmad
David Tartakover
Simon Birch
又一山人

又一山人對於朱銘的印象很深刻。朱銘於二〇一〇年在北京舉辦了「朱銘人間系列雕塑展」，發表了兩件新作品《人間系列——囚》及《立方體》，前者以黑白牢籠囚禁兩個人，說明善惡只差一線，人可以選擇做善人壞人，也可選擇站在不同的位置，故「囚」非囚，而是自囚。後者以空心的立方體框着人的頭腦，讓人去思考「方」代表了限制、壓制的本質，世界是否本來就有所謂框架?其實只有自己設限，才會被庸俗的世界觀所框着。熟悉朱銘作品的人都知道，這兩件作品都與其以往的作品諸如《太極系列》的風格大相逕庭，令人感到既驚喜又詫異。

展覽開幕，眾人準備大合照之際，又一山人與朱銘肩並肩並排，短短幾秒間大家四目交投。朱銘對又一山人說：「今天我很開心。」又一山人不明所意，遂回答：「我也很喜歡你的新作

品。」朱銘緩緩答道：「今天我很開心，因為今天我仍然見到自己的突破。」又一山人被這句話所震懾。一個已年邁七十多歲的老人家，還持續不斷地要求自己有進步有突破，作品從抽象的人文精神抽身轉為探討社會價值，將社會的問題透過作品展示出來。普通人也不會有如此想法及毅力，更不要說眼前的這位老人已經是享譽國際的藝術大師。

「突破是一輩子的事，要到死方休。其實說來也不是很難，只是看你想不想這樣做，想做很容易，如果不想做也很容易。」——朱銘

踏實就是要經營自己，好好去做，做你該做的，有意義的事

情，認真地去做。

書中的另一位以色列平面設計師 David Tartakover，持續多年創作大量反戰海報，海報中他以以色列的語言希伯來文寫，目標對象是以色列人，以本土的視覺反對以巴衝突。在一個主張開戰的國家中，需要有多大勇氣才能做到？又一山人好奇問他：「你不怕有生命危險嗎？」對方卻只是沉默不語，彷彿一切不痛不癢，因為他，只是一直在堅持做他認為正確的事。

「他們要謹記，他們並不只是為完成項目而工作，而應該為任何困擾他們和關心的事發聲。也要知道不是只能通過商業創作或工作項目才能參與社會，任何可以傳達訊息的媒體也不可以放過。」——David Tartakover

我不是要他們變成我一樣，他

們應該建立自己的語言及表達方式，關心自己感興趣的事。但很多人也辦不到，他們認為只要有工作，並在專業中做得好就夠了。我卻認為除此之外，他們也要表達內心的一

面，因為我們當中有不少認真和有觸覺的創作人。

日本的國寶級設計師淺葉克己，是又一山人的前輩及朋友，更是精神上的老師。他畢生致力研究失傳的中國少數民族的東巴文字，在學術以外，亦將傳統轉化成當代創作向大眾發表，務求將傳統得以傳承下去。直至今天，他仍保有每天寫書法的習慣，即使遠赴外地，亦背着沉甸甸的紙筆墨，不斷練習作為自我修行。另外，他亦是日本的乒乓球高手，擁有日本乒乓球協會頒授的專業乒乓球六級的資格。他以乒乓球賽比喻人生：「人生就像一場乒乓球賽，在對面將乒乓球傳過來的一刻，你唯一要做的事情就是將乒乓波推回給對方，可是很快很快，球又再次傳過來，你又要繼續傳過去，不斷回來往復。這就是人生。」

「我的人生目標是希望做個『一人乒乓外交官』，意指是獨自一個人到不同的地方、不同的環境及不同的世界，去接觸，去看自己。乒乓球看起來是一個非常簡單的小孩子遊戲，但其實是非常複雜的運動，例如說接球，有球來時就要接。這就像是人生，也一樣是很難的一件事。」——淺葉克己

就只是這樣輕描淡寫，以平常心去談論人生，持續地去面對及投入於眼前的困難及挑戰。又一山人非常贊同他的心態，特地創作了一件回應對方的新習作——一張兩倍長的乒乓球桌（現已被深圳華·美術館收藏）。「我想回應他的是，沒錯，人生總有很多條件、規範，但你都要面對及參與。乒乓球比賽的遊戲規則就是這樣，而勝負就在這些規則中。但在人生中，規則會變得無常，經常會出現你預期以外的規則。如果規則改變了，你還會落場打嗎？乒乓球桌突然長了一倍，不是你心目中原有的樣子，但你也要打下去。你又該怎樣去適應？」

最後一位創作人佐野珠寶，原本不是計劃中的受訪者。但在因緣際會下，她

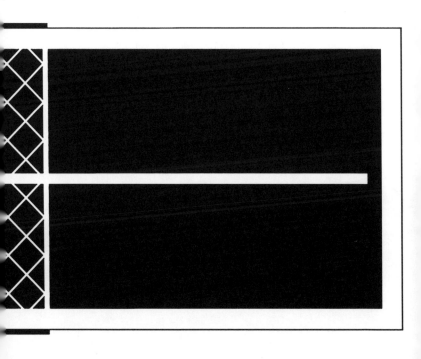

←**人生，有如一場乒乓球賽。——二〇一一——**聽了淺葉克己老師一次演講這樣說：「人生，有如一場乒乓球賽。球過來，你就推過去。球又再過來，你又再推回去」很深刻的記在心裡。／人生無常，世間無常之事接二連三，冰島火山爆發，不同國家之地震和日本海嘯。／當大家認定了球賽的規則時，突然發現被改加了一倍難度，你可還落場應戰這場遊戲嗎？

與又一山人碰上了，成為了三十×30展覽中的最後一人，也是又一山人的三十個創作單位中，最遲認識的一位朋友。

二〇一〇年，香港大學舉辦日本文化交流祭，又一山人受好友邀請出席，節目包括茶道、香道、花道等。珠寶是原名佐野玉緒，字珠寶，二〇〇四年入京都銀閣寺領導花道部，二〇一五年離寺後開設「青蓮舍」教授禮儀花藝及花道，並在法國、香港及台灣進行一系列國際花道交流。

當時珠寶進行花道演示，正在冷靜又溫婉的把一枝枝花插在水盤中（稱之為立花），觀眾圍繞珠寶排成一圈坐着觀賞，又一山人正坐在珠寶正面的約兩點鐘位置，見到立花的美，驚為天人。「這件作品令在場每個人從每個角度看都很美，但她由始至終都沒有看過我們，也沒有移動過花盤，而只有眼前（十二時正角度）的花。作為一個視覺創作人，我開始思考是甚麼能夠令她做到。最後發現，並不是因為她的技術有多高超，而是這個花道已經超越人的視覺，非一般人的視覺技術

可以達到，亦非因為你能『看』到有多美，而是因為你可以感受到它的美。」

珠寶出身自銀閣寺，師從無雙真古流，流派都是從佛教的觀念中出發。其花道作品帶有禪的意味。花道對她來說，已不是純美學欣賞，她以回歸大自然的心態而非視覺出發，着重精神層面的交流、人與大自然的融合，放在生命的觀念多於美學的非一般創作，花道原本的意義，就是抱持回歸大自然的想法用作供佛。每一枝花在她的面前，就是一個生命，尊重每一個生命，才能令整場花道散發出生命的存在，令人感受到生命與自然的美。

隔天晚上一次因緣下，又一山人得以與對方交談花道及創作。對方臨離開香港前，她透過雙方共同的朋友給又一山人留了口訊：「很感謝你們特地來跟我聊天，第一次來香港見到很多朋友和媒體，發覺你可能最明白我在做甚麼，希望以後有機會可以合作。」這大概是因為雙方既是佛教徒，又是視覺創作人的緣故吧！二人見面時已有惺惺相惜之感。這立刻提醒了又一山人，「三十×30」展覽

的籌備工作已進行得如火如荼，但就一直等待最後一位創作人而遲遲未有聯絡上，偏偏眼前正好有一位如此合適的創作人有意合作，何不順應因緣？

又一山人決定邀請對方合作。

冥冥中自有安排，對方立刻答應了。先是對話，但在沒有電郵沒有視像對話沒有親身見面的情況下，大家就純書信來往，珠寶為表誠意，親自用毛筆字來信。來到展出部份，又一山人心裡盤算，其他創作人都是先交給他一個創作，他再用自己另一件習作去回應，今次不如不要配對，直接合作做吧！可是要怎麼做呢？雙方的創作領域迥異，一個擅於視藝，一個擅於花道，如果只是各自為政，怎算是合作？

又一山人便思索，沿着花道自己能有甚麼看法？——「生死」。雙方對生死的見解，會是很好的題材。花道師常使用新鮮的花，在其最燦爛的時候展出，凋謝了的花是否就等於失去了意義？何不試試用凋謝了的花？

對方一口答應。在珠寶的觀念中，生與死的花同樣都是大自然的一部份。雙方決定合作的作品叫作《再生・花》，並約定了三月十九日就要在京都進行。

天意弄人。就在又一山人準備動身前往之際，日本發生了「三一一事件」。日本人面對那麼大的災難，舉國上下都鎮定面對，沒有發生混亂，這令又一山人十分感動。日本地震海嘯繼而引發了輻射洩漏的災情，一切尚在未知之數，也許會有危險，不適合遊人前往。然而，又一山人卻堅持要出發，不是因為展覽必須完成（這麼巨大的天災而影響進度應會得到所有人的體諒），只是，合作的作品叫《再生・花》，彷彿在訴說着日本的再生，因此必須要完成以示尊重、敬意及祝福。

又一山人在三月二十九日到達銀閣寺，氣氛很莊嚴，現場有唱誦的朋友將道場灑淨，又有一對老夫婦在旁觀禮，他們為珠寶做了一套白色的和服進行是次儀式。又一山人帶了他的8×10大片幅相機，在旁靜觀，兩天裡做了七個創作。從第一個創作百分之九十九都是枯枝及一朵小鮮花，之後慢慢將鮮花的比例增加，

做到最後第七個就全是鮮花，恍如新的生命重現了生機。在過程中，又一山人完全不知道對方會做出甚麼，只是一直在旁觀賞及拍照。這可以算是一趟生命的旅程，共同去經歷過程，未到最後一刻都不會知道結果。

「It is a circle of life.」珠寶如是說，生與死都不過是一個循環，是必然會發生的事情。花的循環，就像人的生命循環不息。人生當然會出現逆境，但到了最後都會出現新轉機。

「每天在花園裡工作，觀賞花兒的百態，從中我懂得了生與死，她們就在我身邊近距離存在。然後，我感應到花兒的強韌生命力，她們的堅毅在於每逢適合的季節便綻放生命色彩。春去，夏至。秋來，繼而寒冬降臨。我們可以肯定的是，嚴寒的冬天過後明媚的春天必會到來。」——珠寶

這就完成了展覽項目，七張相片加錄影片段。

又一山人認為，以《再生・花》來作為展覽的結尾，別具意義。「當然我不

應用美好去形容，但這是很完美的第三十個創作，作為項目的完結呈現給所有觀眾。做創作或者投入去做一件事情，不能預計結果，但整件事情背後的象徵意義遠超過創作本身，當中包括了災難、對人的尊重、堅持、生死觀念，這個習作可說是總結我三十年來工作的一個最深刻的體會。」

又一山人接着說：「這個對我來說，是很重要的訊息，本來我的創作八句是想透過展覽呈現。而這個《再生・花》是我與自己再清清楚楚講多一次，創作的意義其實就是人生，你做一樣事情，不只是憑你的能力去做，更是將你整個人投放在其中，有了那個參與才真的叫『做』。跟珠寶合作這個項目，沒有計算亦無法計算，整件事情最初與最後的意義都不一樣，很多外在事情發生了，我覺得這種很豁達很開放包容的投入，怎樣與時空、他人互動，而衍生其可能有的價值，而不是你希望或計算有甚麼價值，那才是真正的創作。」

時間的見證

專注地只做一件事

台灣作家王文興，深深地觸動了又一山人的心。

二〇一一年，由台灣文化人陳傳興成立的文化組織「行人文化實驗室」推出了《他們在島嶼寫作：文學大師系列電影》，冀望通過紀錄片的形式，將台灣戰後最重要的文學家向大眾推廣。在香港開幕的時候，又一山人亦前往支持，當時首演的電影是關於王文興的《尋找背海的人》。電影播映完畢，又一山人深感：這實在是太有感染力了！

到底王文興是一個怎樣的人？

他是很慢的人，很慢很慢的人。出生於一九三九年的他，是國家文藝獎得主，寫作至今已經超過五十年，然而只出版過《十五篇小說》、《家變》和《背海的人》三部著作，《家變》花了六年時間完成，《背海的人》更花上逾二十五年，與導演林靖傑合作的電影《尋找背海的人》，二人花了五年時間商討及拍攝。在今天講求即食、時間就是金錢的時代，這相當不可思議。

一本小說花逾二十五年時間完成，令人不禁詫異：為甚麼一本書可以寫那麼久？

以慢見稱的王文興，曾經說過：「對於感興趣的事物，我可以一直看下去、做下去。」在文字的世界裡，他要透過文字構築一幅華美的畫作，一首精緻的音樂，只要有一句話寫錯了，畫作、音樂的結構就會被破壞，被破壞了，自然不成形狀，所以必須嚴謹。讀他的《背海的人》，有人認為晦澀難明，讀得一頭霧水，但只要大聲朗讀，讀通了文章的抑揚頓挫，意思自然而然的豁然明晰，這是他把小說當成樂譜來寫的緣故：「每個字是音符，停頓的部份便是休止符。」

每天，他只寫三十個字，運氣好的話，能寫五十個。他家裡有一間小書房，只有一張桌子，導演安排了一架攝錄機，讓他晚上寫作時，只要按着快門便可自拍。攝錄機拍得他在寫作的過程中，不斷用筆像打樁機般敲在桌面畫紙上，因為他要靠這個動作不斷發出聲音來刺激腦袋思維，日復如是。

看到他的手稿，密密麻麻的字，像抽象畫一樣，寫了又改，音節不順的，要改，用詞不準確的，也要改，意象不到位的，改。他是創新另類，也是專注於生命的過程。專注的意義在於對眼前的事物、資訊有所判斷，文學家對每個文字的意思都要深入明瞭，才能判別好壞，發掘到當中的寶藏。但其實作為普通人，都需要專注於每個字的含義，仔細思考，將深藏的意思讀出來，才不至於人云亦云，照單全收。

專注與累積，是發掘意義的不二法門。

很多人對此不以為然，因為快才是社會的主流價值觀，快才能收穫更多經濟效益，快才值得被讚許。很多人，對意義沒有追求，只求快手完成事情，日子得過且過也好。所以，對王文興，又一山人讚嘆不已。為甚麼一個人可以孜孜不倦地持續逾二十五年只做一件事？

「我看完電影，下意識就覺得，年輕人一定要認識這個人！王文興所帶來的

說："云老，呀！跟你說一樣事，□之下，三二哥叫三去別的地方，三千萬不要去。"云說："唔～為什麼？"媽[illegible]昨天吟豫著自己有同他又～。"我[illegible]麼□，是怕云一[illegible]……你和他不是一股皮囊生的，三知道。我是說……" "你會是他……"但他僥倖見著二哥他[illegible]三，膝二哥摔了個[illegible]

[illegible]僥倖他二哥。

云們抵達□會室□。哥他先半寄存□，便拎云在後他拉□他的手，大步[illegible]他趕[illegible]，云在後他[illegible]手，[illegible]陣追著，這次是他第一次讓二哥[illegible]手，[illegible]前門口呈了票，他哥哥了說明草入去[illegible]，然後在□里[illegible]

"他哥指著云～坐[illegible]手[illegible]，[illegible]說大無垠的[illegible]在前[illegible]環。[illegible]大的世[illegible]上[illegible]在他[illegible]看過去[illegible]大的新[illegible]。他[illegible]沒過一生[illegible]所[illegible]

那[illegible]花[illegible]得[illegible]到最近。這時臭一身特殊味道，一種很鼻的[illegible]思考。二[illegible]在[illegible]向[illegible]上，他[illegible]著，人們[illegible]他[illegible]，二哥[illegible]一條[illegible]的[illegible]，向[illegible]去。二哥[illegible]看看[illegible]坐[illegible]到達[illegible]第二排[illegible]

不只是工作的態度，也是做人的態度，一定要從生活中介入推廣這種精神。」他看到王文興的手稿像抽象畫般美，便想到製作一件王文興的衣服。

又一山人作為「例外」的藝術顧問十多年，他想到立即致電予「例外」服裝創始人毛繼鴻，說希望將王文興的手稿，呈現在其設計的衣服上，讓大家在生活中看到他、談論他。最後，得到王老師的同意，經過近一年的推進，終於成事，推出了「時間的見證」男裝系列。又一山人更特地在王文興很喜歡的一處地方——宜蘭南方澳海灘拍攝了一輯相片，王文興亦專程來到廣州「方所」書店演講，配合展覽、服裝、手稿及一比一模擬書室，這系列還在台上走了一轉貓步展示。又一山人期望藉着服裝製造話題，讓社會大眾去了解背後的訊息。

大家說要快，又一山人偏要說慢。不是因為反叛，而是因為歷史、文化及社會價值，快要被科技沖刷得一乾二淨。「無論是精神性、文化歷史性，社會所有角力或者大家參與的互相推動，也是需要沉澱及思考，不是由快衍生的，意識快

不會去到那種狀態。這就是我說的背道而馳，愈享受那種快，就愈遠離這種觀念；愈背道而馳，退一步慢下來，才經得起時間的考驗，在年月的沉澱後，你才會有那些東西。」

他接着說：「**大家都很享受即時的溝通，但是其帶來的負面會更加大。當甚麼都是快的時候，是不是放棄了慢？慢是不是沒有優點？**大家以為是這樣，所以潛意識甚麼都要快，大家都不再計劃長遠的將來，工作只為了今天，三年後不知會怎樣。其實，誰都需要經過長時間的洗禮才可以一步一步向前。但大家都拒絕去談，文化歷史不再被重視，消費、潮流、炒作，過眼雲煙，所有事情都來得片面與單薄。」

他在二〇一九年於沙田文化博物館的展覽，決定以「時間」作為題材。其中他會展出一件習作《塵歸塵》，是將一塊畫布連同金屬物料埋在泥土下發酵，用時間及大自然去完成這批畫作，這正正就是土歸土。另外，關於我的攝影部

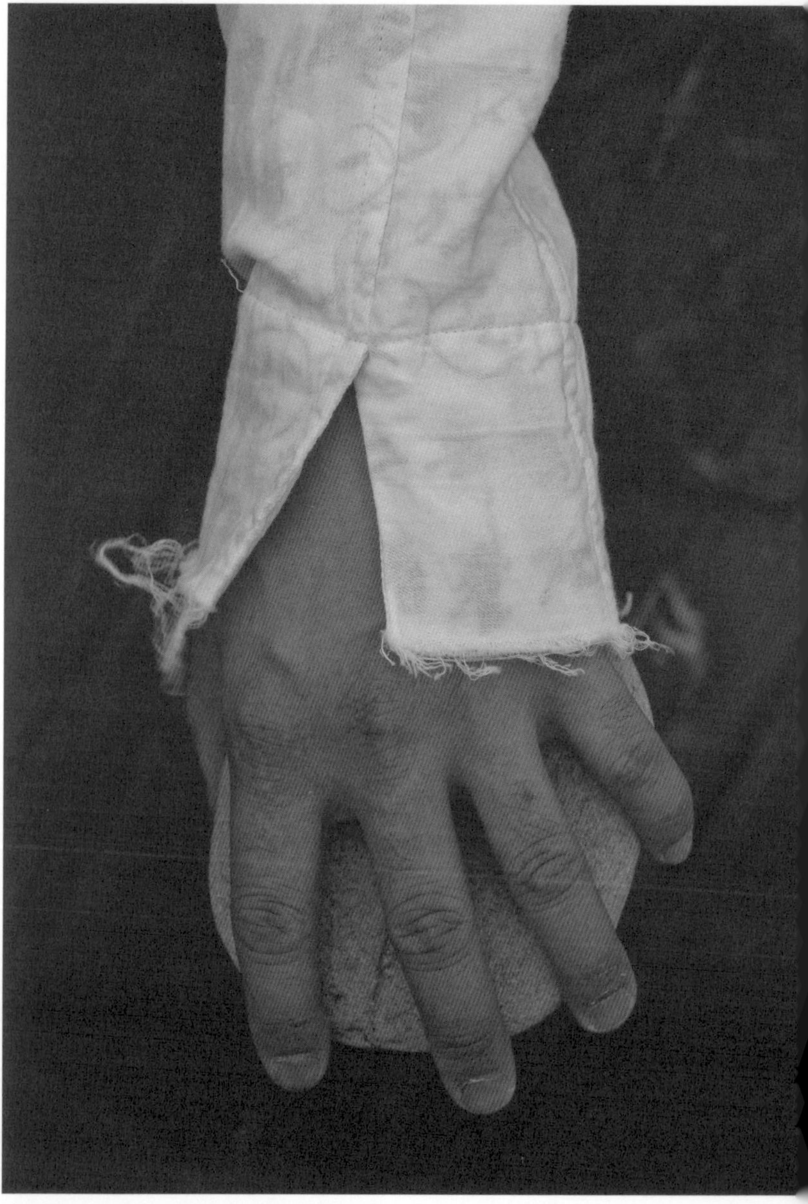

份，說實話大概十個系列就可以完成，可是這些在大家心中的最終的「作品」，背後到底是甚麼？又因何導致其出現？又一山人在展覽會從過去四十年他拍攝的近二十萬張相片中，挑選一萬張作為其習作的鋪墊。「**大家常常將目光放在創作人的結果，卻從不關心創作人的生命歷程，我着重的是過程和投入，我想讓大家看到我的攝影日常，如果沒有這過去十多萬次的體驗，我的經驗及視野不會達到現在這般。**」

在今天，速食成為了主流選擇，兩天前朋友的臉書內容已經變成舊聞，不再需要處理。碎片式的脈絡，彷彿事情已經不再累積。「重點不在結果，當你不斷去問同一問題，不斷探索、觀察及思考，會促使你去慢慢落實。而在你不斷做的過程中，就會有了累積及沉澱，然後轉化成個人內在的價值觀，而又衍生到另一個因緣上。那不是為了任何結果而去做，就像學打太極，你不是為了有一天會可能被搶劫要自衛而練習，反而要問，你想建立一個怎樣的人？」

不同時間維度的過程，會產生不同的結果，而重點在於人們是否能夠有意識

→**時間的見證**一二〇一二一藝術就是修行……／／人生上路，本身就是一種藝術。／藝術者，於我來說，凡任何事、情、人，一直沉澱，一直提升，昇華到一個境界；令人能感受到，或感動到，或感染到，或能引發靈感，帶動到另一個點，這就是藝術。／從起點一再沉澱、一再提升，時間就是見證。／過程中，當下、專注，呼吸自己生命，心裡清楚知道鐘擺每一下，滴答滴答……管不了到達深夜零時，十二吓噹噹噹出現否。／／緣起王文興老師的紀錄片，他走到我腦海、心裡。感動，不是我文學能力這角度可達，全因他極致沉澱人生的態度。／／這系列不是我要圓服裝設計之夢，僅是微小的我對王老師至誠的致意，並與大家分享見證，王老師生命中真善之美。

35

x 365

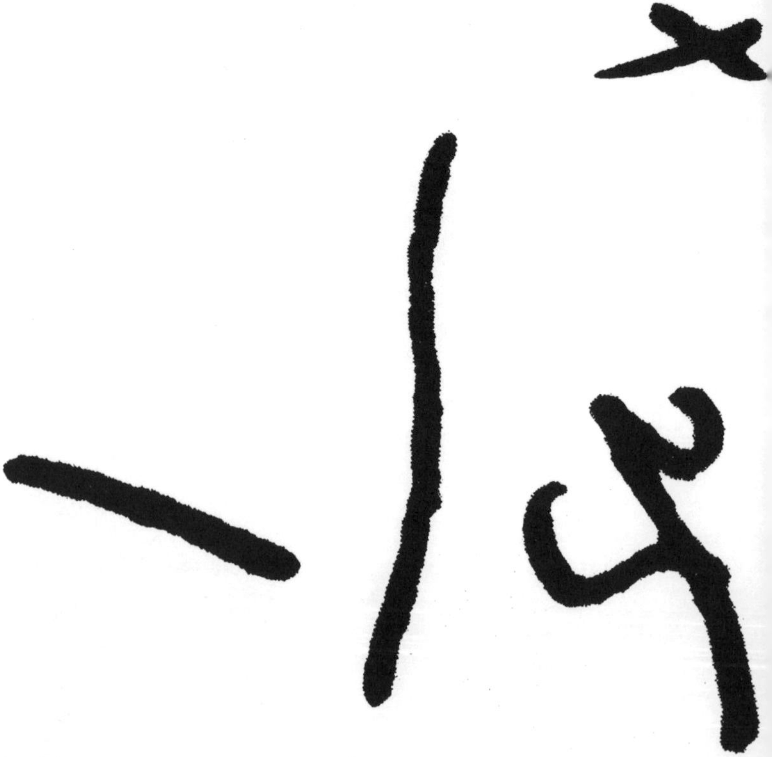

持續地投入到過程中，即使原本只是微不足道的小事，但經過不斷重複做，到最後都會變成一件事情。「當大家放膽去投資，將自己也賭上，時間會證明一切。可是大家有沒有這樣的情操及氣量去面對時間這個環節？不要覺得三年內做不到就放棄，三十年，又如何呢？」

時間
過去相對未來
關鍵是當下

時間
慢相對快
沒勝負
向前走　是快　是探索
往後看　是慢　是靈感所在

時間
倒退相對超越
重心是沉澱
時間不會跑輸時間
時間不會超越時間

時間與時間同步
時間會留住時間
時間應承傳時間

↖又一山人 × 王文興 TVC

↖塵歸塵 TVC

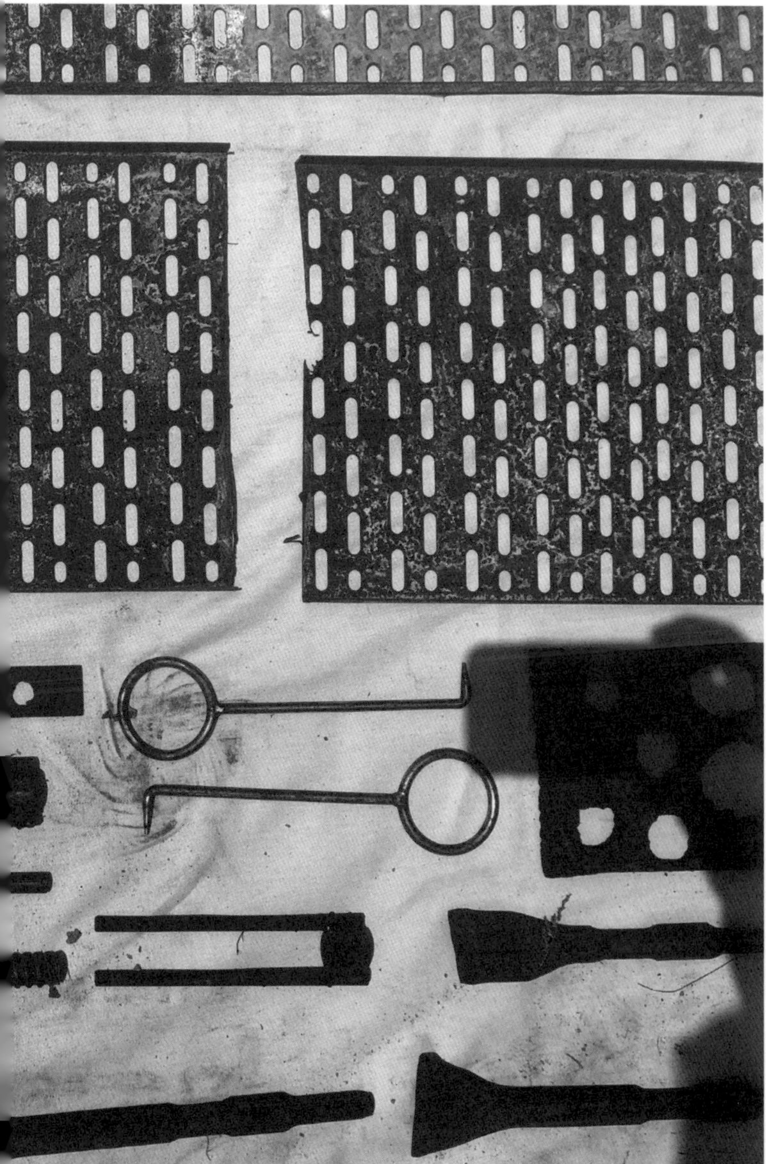

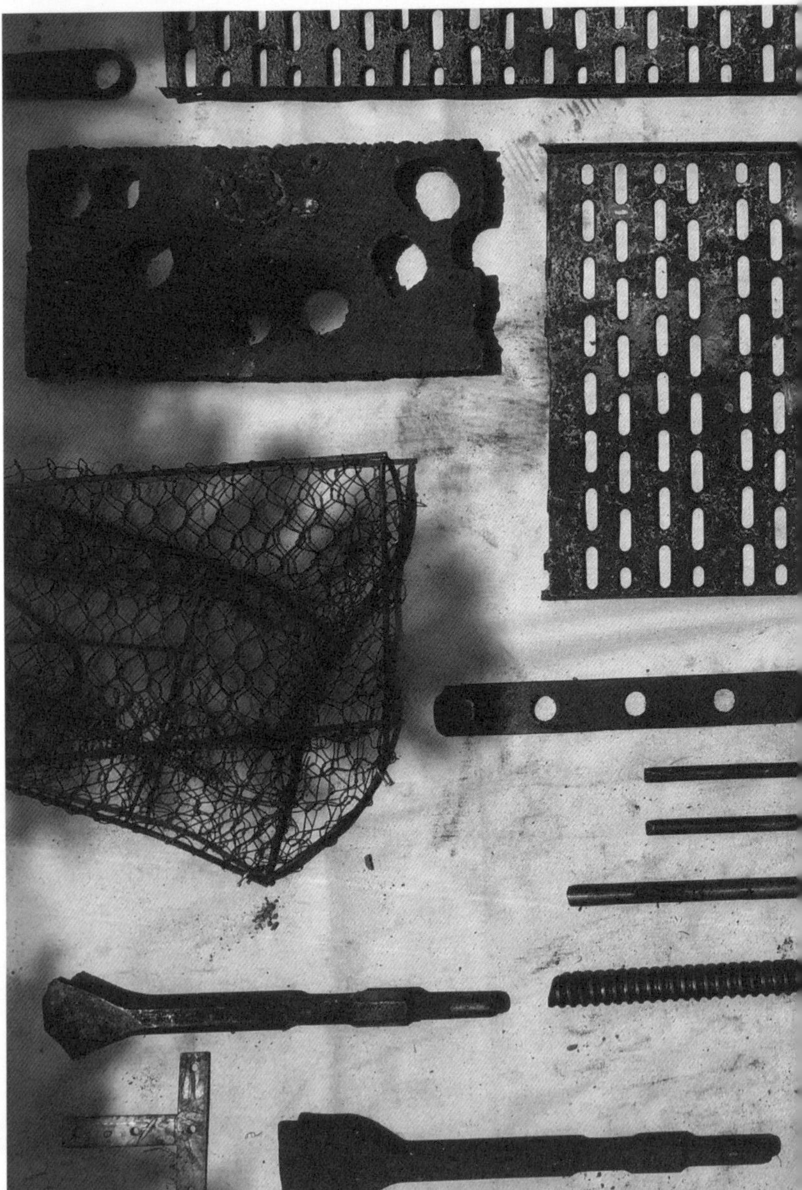

YNOT/T

為甚麼(不)?

又一山人做衣服。不，更準確的說，他是透過衣服這個媒介和載體去創作，表達他的所思所想，表達他對世界的關切，他關心的是人的價值，關心人怎樣活着才是對自己、對世界更好。穿，不是重點，重點是當下，穿的人怎樣活在當下。

又一山人一直與服裝設計甚有淵源，可是始終沒有走在服裝設計的道路上。工商師範學院畢業後，他執意捨棄高薪的教師工作，選擇人工少於一半的平面設計師為職業，及後他進入廣告行業。二十年間，他一直沒機會從事時裝工作，只偶爾為唱片封套設計，在黎明及劉德華拍攝造型時得到發揮機會，但已樂在其中。

然而，念念不忘，必有迴響。

在二〇〇〇年開始，他參與了中國服裝品牌「例外」的推廣創作及品牌顧問工作，直至現在。他終於第一次親手設計衣服，為「例外」設計名為「過去／未來」的tee；然後，他又與台灣作家王文興合作，創作「時間的見證」系列。第三次，就是「又一山人×YNOT/T」項目，是「過去／未來」tee的延續，也進

YNOT/T

一步提出了對生存、生活、生命的思考。

衣食住行中，衣排第一位，可見衣服的重要性。阿當夏娃偷吃了禁果，意識到裸體帶來的羞恥感，於是拿起無花果的葉作蔽體之用，有了衣服的概念。時至今日，衣服已不只有實際的蔽體作用，更是一種展示自我、表達價值的象徵媒介。這種展示是向外界的宣言，又一山人認為，人終日向外尋找認同，營營役役，卻鮮有嘗試觸及自己的本心。因此「又一山人×YNOT/T」項目的目標，是希望拋出更多話題，讓衣服這種必須的遮身之物與穿着者自身產生對話。他直言

→**過去**／**未來**｜二〇一七｜當兩幅前後布料緊裹我底身軀／前面是將來・後面是過去／只要離開我的身體・我的腦袋／哪管只是零點一毫米的距離／／活在當下
清楚當下／將自己凝聚在當下／現在就是這刹那・我的思緒・我的靈・感／／穿着過去未來・活在當下

過去

「這件 tee 不是穿給他人看的，而是需要穿着者去感受身上的衣服。」

這不是一件穿給人家看的衣服
這不是一件令自己更帥更美的衣服
這不是一件表態的 slogan tee
這是一件給自己提示的衣服
這是一件給自己練功和修行的衣服

穿上 YNOT/T
站在這不斷變幻傾側的世界國度
向心裡的自己交代一句
這是我
生存＋生活＋生命

三生一世

WHY NOT

這個系列共有十二款 tee，印有不同的標語，包括「過去／未來」、「NO-WHERE／NOW HERE」、「前因後果」、「胆大心細」、「only do what my heart tells me」、「有腰骨」、「愛／受」、「PUT YOUR HEAD ON MY SHOULDER」、「ALL YOURS」、「ready for you」、「你好／再見」、「有／無」。

無庸置疑，時裝是潮流的一部份，年輕一代喜歡講潮流講時尚、型、潮、靚，但去到講社會價值，則非常遙遠。如果衣服是時尚的語言，又一山人則嘗試在此打開缺口，以另一個角度去講甚麼是衣服，在這日常物中為這種時尚的語言帶來新的意義。

一件 slogan tee，寫的都是給人看的。可是這個系列的 tee 卻時刻提醒了穿着者對自己的要求及問號，以及當下的概念。例如「過去／未來」，衣服以前後兩

幅布組成，沒有手袖的第三、四幅，營造了兩塊布夾着穿着者的效果，前面的布寫着未來，後面的是過去，清清楚楚說明了穿着者的靈魂、思想，以至身軀就是「現在」，即當下。

「活在當下，這話耳熟能詳，好像很簡單，可是有多少人真的能夠真實地領會到及做到？城市人太多目的、太多計算、太多雜念，吃飯的時候卻總在想着回覆電話訊息，很難真正活在當下。無法活在當下，便無法回應周遭的世界，人就會跟世界產生抽離，如同活於真空。」又一山人感嘆。「在現實的與大眾互動的世界裡，你活在當下，你專注地認知自己與他人，理解周遭，獲得設身處地的感受，就會自覺地去思考，並作出自利、利他的選擇。」他期望，選擇穿上這件衣服的穿着者，能從不斷反思「當下」的意義中沉澱出內在的力量，更懂得設身處地思考他人的處境。比起追趕潮流，這反而帶有反潮流的意味，變相提出了時尚語言的另一種可能性。

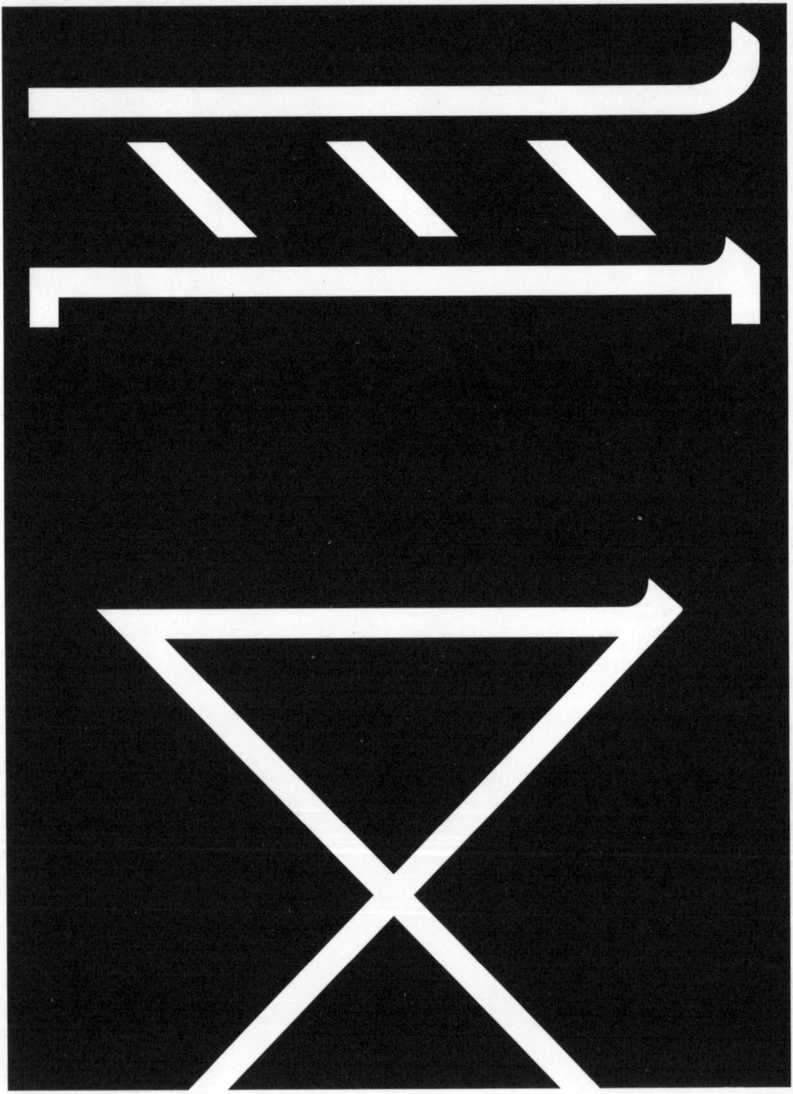

將商品與社會價值掛鈎，別人笑他傻，搞那麼多「花臣」。在商業世界中，商品又不是藝術創作，只要能大賣就好，何必如此？「商業有商業的世界，當然在大方向上可以這樣籠統地講，但你不需要否認它是零可能，總有對的時機，就做吧！總有一天你會有這樣的機會。這就是鍥而不捨。又一山人這個名字，就是我告訴自己的工作是人的和諧、社會平等，我從那天開始已經答應了自己要做。就算是商業項目，我都想將訊息加入其中。」

「only do what my heart tells me」，從心出發。被工具理性主義的思維方式主導，很多時人們都只跟從腦袋去做，經過層層計算之後才決定做，與心的想法不一致。「當你穿上衣服，如果你不是這樣想，就是欺騙了自己，你會知道自己應該選擇甚麼，決定甚麼。」

人生的進程就是無數的抉擇，

不要過於用腦。清楚聽到自己心裡說話，用心行事。

←**有／無｜二〇一七**｜有名是有／有利是有／／身外物的有／不及心中富有／／追求從無變有／是非虛幻／從而無中生有／／六祖說／本來無一物／何處惹塵埃

／／往無出發／有即近矣

→**前因後果｜二〇一七**｜人生中／凡事沒有清楚的起點／亦沒有絕對的終結／此一個終結：果／是下一個起點：因／有因有果再成因／沒果沒因怎結果

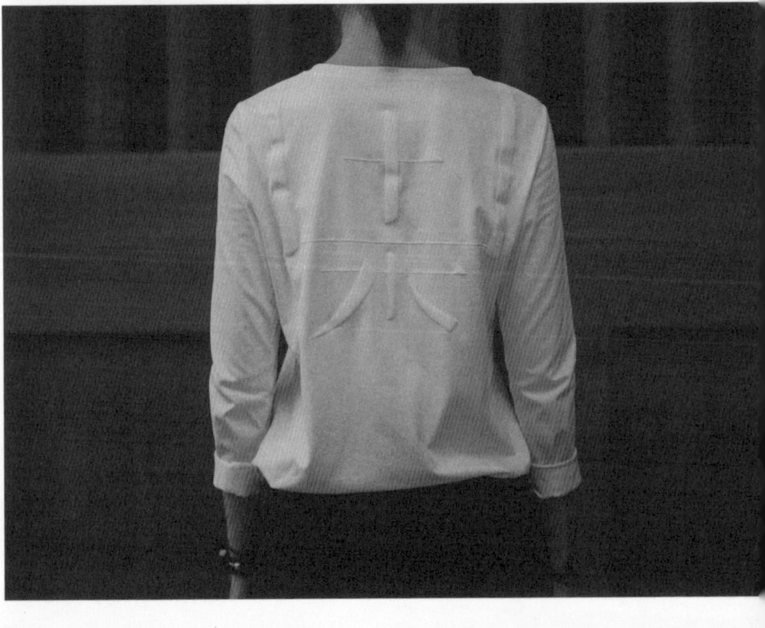

2 MEN SHOW

傳承，是為了開拓自己。

二〇一五年，又一山人獲日本設計界最具代表性的設計畫廊 Ginza Graphic Gallery（ggg）邀請，舉辦個人作品精選回顧展，展覽名為「2 MEN SHOW：Stanley Wong×anothermountainman」。又一山人是繼二〇〇二年香港著名設計師陳幼堅後，第二位獲 ggg 邀請展出的香港設計師；而這個展覽，也是又一山人首個個人設計展覽。

場內展示其過往三十多年，個人（又一山人）及商業（Stanely Wong）作品互相對話，讓人更了解他的創作及思考歷程。而他亦反思自己的創作之路，如何深受不同設計師的影響及啟發。他細心思索及整理出自己的美學思路，觀念慎思，追本溯源，赫然發現自己的創作風格諸如具人文色彩、簡約主義、破格另類等，原來一直受教於十二位日本設計界前輩，這跟他當時在向設計之路邁步之際，日本設計界強勢崛起的八十年代有關。這十二位日本設計師包括永井一正、小津安二郎、淺葉克己、山本耀司、川久保玲、杉本博司、藤森照信、Makoto Saito、原研

DESIGNED BY STANLEY WONG X ANOTHERMOUNTAINMAN PRINTED IN JAPAN BY DAI NIPPON PRINTING CO., LTD.

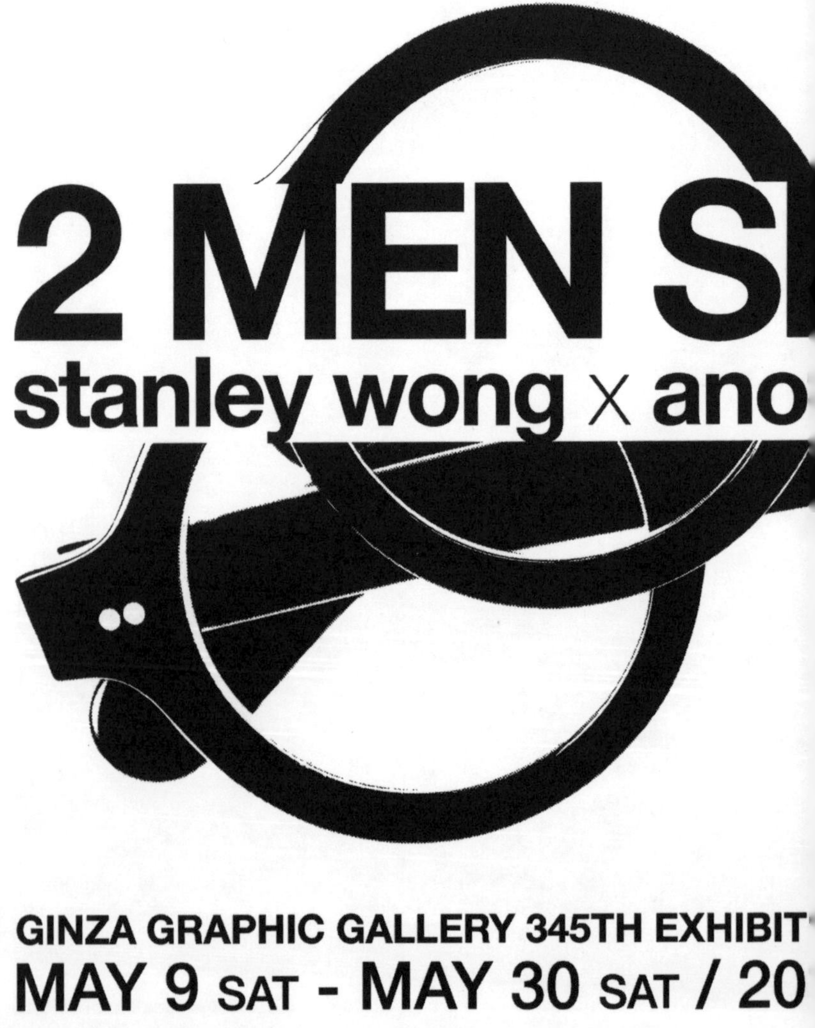
2 MEN SI
stanley wong x ano
GINZA GRAPHIC GALLERY 345TH EXHIBIT
MAY 9 SAT - MAY 30 SAT / 20

2 MEN SHOW
stanley wong × anothermountainman
ggg

555 2 men show TVC ↗

2 MEN SHOW
stanley wong × anothermountainman

哉、深澤直人、葛西薰及中島英樹。為了表示對前輩和大師的尊重，又一山人創作了十二本書籍，撰文訴說自己所受的影響，並以相關題目、風格的視覺創作回應，畢恭畢敬地將書籍放入木盒中，向一眾大師表達感恩及致敬之餘，亦找尋了自己創作精神的脈絡。可以說，沒有這些創作人，就沒有今天的又一山人。

舉個例子，被奉為時尚教母、品牌 Comme des Garçons 的創辦人及服裝設計師川久保玲，向以前衛及反叛的態度見稱，不斷在時裝界中引發衝擊，衣服可以裡面反轉、左右不對稱，甚至是極皺巴巴的，完全顛覆常人對服裝的理解。可是，why not？又一山人被這種「Why Not」的想法吸引，以致他日後在創作時遇上大膽的想法，都抱持了 why not 的態度，勇往直前。向川久保玲致敬的那本書，又一山人把錫片的封面捏皺，跟多年前自己用的捏皺名片一脈相承。這完全不是一本「正常」的書。可是，why not？

服裝設計師山本耀司創辦了潮牌 Yohji Yamamoto，不尋常的黑色美學是其

同步呼吸，互動。感謝 888 畫廊禮重之邀，能讓我好好為自己總結過去的工作，有極商業的，有極理想烏托邦式的，也有商業跟社會價值並存的……

驀然回首，在我成長八十年代初的路上，受感染的，受教的，心有共同種子，一起萌芽的，其實大都是來自日本的前輩和同輩。天意正好安排我這小總結在日本東京跟大家見面，能像一個圓圈走了一轉似的，帶回我對各老師，大師的一點敬意，鄭重向

永井一正
小津安二郎
淺葉克己
山本耀司
川久保玲
杉本博司
[illegible]

深澤直人
葛西薰
中島英樹

各大師說一句感激。

萬分同意老友中島英樹先生在設計作品說：「我的一切，都是大家給我氧份，因緣和合而成！」

往前看，堅定在東方美學，東方哲學價值，人文方向一直前進。

感恩上天。

又一山人 合十

拜啓

致敬

浅葉克己

a tribute to

Katsumi Asaba

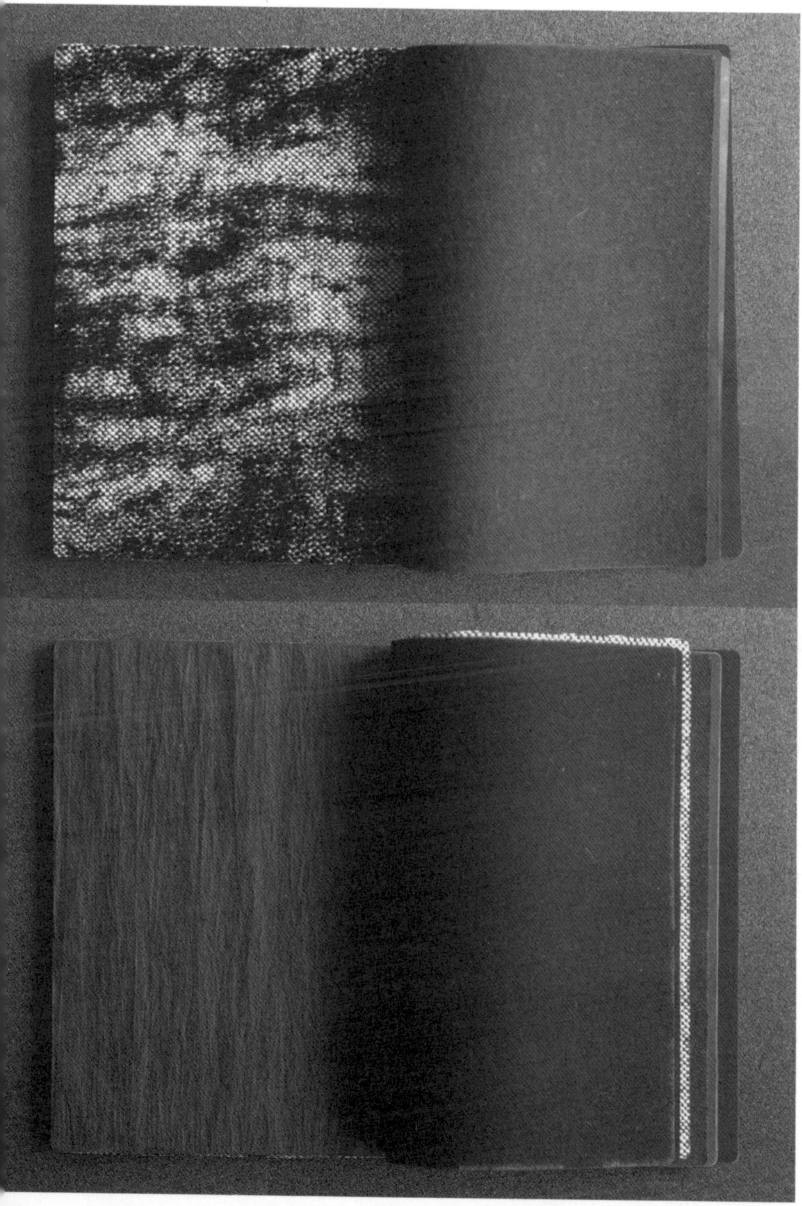

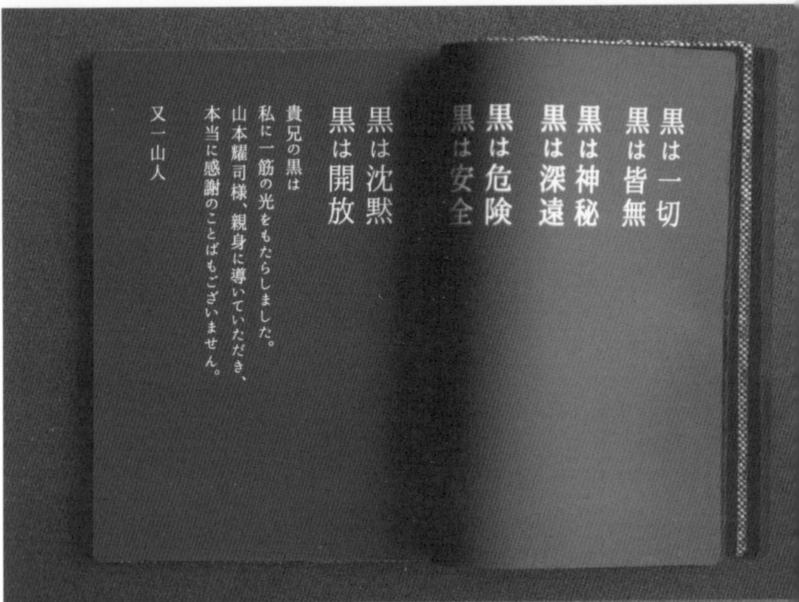
黒は一切
黒は皆無
黒は神秘
黒は深遠
黒は危険
黒は安全
黒は沈黙
黒は開放
貴兄の黒は
私に一筋の光をもたらしました。
山本耀司様、親身に導いていただき、
本当に感謝のことばもございません。
又一山人

標誌，又一山人以很不同的黑布製成書，呈現出黑色的多維度及層次，表達了黑色世界的情感；知名電影導演小津安二郎四平八穩的視覺呈現，為觀眾帶來了真摯的實在感，也感染到又一山人採用同樣的鏡頭美學處理來打動人心；專門創作樹屋的建築師藤森照信，影響了又一山人看待建築與大自然的關係。

無印良品的藝術總監原研哉，曾經策劃過一個很成功的展覽「RE-DESIGN」。Redesign，按字面理解就是「重新設計」的意思，不過所謂的重新設計，不只是推翻舊有設計這麼簡單，更重要是將身邊被視為理所當然的日常用品賦予新生命，將熟知變為陌生正正是一種再創造，在其中發掘出設計的真諦及再思考物件的意義。又一山人憶述，他對展覽印象最深刻的，是參展的建築師坂茂將廁紙的筒芯改造成四方形，變相每次向下拉都只會出一格，非常便利及環保。「這些都很具啟發性，對於家、生活的簡約態度，對很多城市人來說都是反思維的，因為城市人就是渴求不斷擁有。我以一系列攝影《本來無一事》去回應對方

的創作，其實人生真的不需要太多東西。」

又一山人執意去尋找個人的創作脈絡、精神軌跡，到底有甚麼意義？

今天很多人都嘗試挽救香港日漸消逝的地道文化，重新發現各種手工藝如「執字粒」的活版印刷，並將其加以宣傳推廣。愈來愈多人願意去發掘失落的美好，無疑是很振奮人心的事情，但要談及傳承，就必須要走多步。一門工藝，傳承的不只是技術，講技術之餘亦要觸及精神價值、文化底蘊所在，這就需要去了解背後的「人」——即工藝者創作行業相關的故事、能力與知識，了解背後的文化及歷史系統，重點是，探究某一創意領域如何影響到今天個別的發展——即所謂，脈絡。

尋找脈絡，在今天講求即食的社會裡，很陌生，也很老套。可這是必須的，因為沒有人打從出生開始就已經是今天的這個樣子，而今天的這個樣子，卻決定了個人往後的去向，即是說，若果無法得知自己是怎樣來的，就無法為今天的自己定位，也就無法得知自己往後的方向。

又一山人認為，前人的智慧，不只是技術上的，在思維上亦具有啟發性。生命的意義，就是傳承生命的哲學。當人們說要做一個怎樣的人，就要回歸到哲學與宗教的思想系統中去尋找。為甚麼？因為這套系統集結了眾多前人千百年來的智慧，若果能夠細讀其中，則獲益良多。

但年輕人容易對傳統反感然後抵抗，又一山人指，抵抗都可以是積極的抵抗，譬如當代藝術家杜尚（Duchamp）提出尿兜也可以是藝術品，顛覆過往的藝術定義，因此往後再有不同的概念藝術發展方向。而若果創作人或觀眾不去梳理這個歷史發展流程，則無法從中汲取思想養份及創作資源。「**只要你能提出自己的觀點，並且持續參與其中，同樣也是成立的。**」

對於創作人而言，去尋找自己的創作脈絡，細細理清到底深受哪些人與事的影響，重新去探索過往的資源讓自己拓闊更遠大的視野，獲得更多靈感進行創作，往後才有開拓自己的可能。

「判斷今天的藝術作品，已不能如看過去的藝術品一樣，從技巧或手工入手。單從觀念性也不行，可以說今天沒有甚麼沒給別人做過。我會先看作者昨天或前天做了些甚麼，怎樣影響了他今天的創作，還有，他怎樣從今天的東西走出了明天的路。如果沒有這前後路者，大抵都是順手牽來者也。」——李家昇

冇照跳

咩都冇，你還願意繼續前進嗎？

在又一山人的創作路上，有三種領域他是尤為欣賞：音樂、建築及電影。對於前兩種創意行業，他坦言特別欣賞及嚮往，甚至到了接近「妒忌」的程度，因為其表達和感染力度發揮，遠超過自己能做好的範圍。而後者，他終於在不斷耕耘下，於二〇一七年製作自己的第一套半紀實形式的電影《冇照跳》。

從初出來工作至今，又一山人的創作範疇都離不開平面，如廣告、平面設計等，或者更準確地說，離不開視覺創作。但他內心對於音樂，仍有種不可抗力。

「很多音樂都不是商業動機而作為起點，很有意思，不像我們做商業設計那麼沒情操。音樂不論內容上的溝通或者聲音上的感染力都非常立體，沒有語言界限就是最強的方法。我每次見到好友盧冠廷都會說，我真的很妒忌你。我聽很多類型的音樂，不論 Classical 以至 Rock 都會聽，我會去看演唱會、睇大戲，音樂能夠給予我一個很大的靈感或啟發。為何其他人做創作能夠如此打動人！」

建築花費的人力物力財力都極大，動用的資源複雜，個人需要耗用無窮精力

才能掌握，又一山人曾想過「半途出家」修讀建築，不過始終沒有找到因緣或是決心。但他到外地旅遊或公幹，必定要看的就是建築，而在他的創作中，建築物亦佔據了重要的位置，諸如《香港建築紅白藍》、《爛尾》等。對他而言，建築不只是物理的存在，也是溝通的一種媒介。「在現實中，一般的商業建築未必能感染人，但一個有靈魂的建築物，涉及空間、光、空氣，是一種與人融合在一起的溝通方式，人們甚至可以親身參與在空間中。跟音樂也是一樣，在無形中它已與你的精神融合。」

而對他來說，比較能夠掌握及發揮的，只剩下電影一途。他於四十歲那年辭去廣告公司的要職，從零出發做廣告導演，正是為了將來的電影夢鋪路。在擔任廣告導演時，又一山人就曾經拍攝長達十三分鐘的微電影《正一》。

雖然好的廣告也能得到大眾的共鳴，也可以有很強的傳播力量，但不論在時間幅度上還是敘事形式上，對於想要完整地傳達一個訊息，仍然有其局限性。然

而電影的時空幅度、場面調度、聲效，導演、編劇都可以有更大自發的主張，個人取向或美學表現可以介入更多，儘管不是每個情況都許可，但仍有空間可讓人嘗試——相比起廣告推銷明確計算精準的商業目標，電影與人溝通、帶動話題的能力更大。「拍廣告讓我獲得製作聲畫的技能，這些是跟拍電影相似的能力，是我能夠進一步做的事情，從中得到練習與實戰的經驗。我拍廣告都是講故事，不過是代客戶講，帶出訊息。而電影同樣都是講一個訊息，我覺得我可以做到。」

這個練習與實戰的過程，足足持續了十六年。他一直毋忘初心，要拍攝心目中的長片。

二〇一七年，他的首部電影《冇照跳》出爐。

城市當代舞蹈團（City Contemporary Dance Company）從二〇〇八年起主辦的「跳格國際舞蹈影像節」，以香港為基地巡迴世界各地，現已是亞洲規模最大、水平最高的舞蹈影像交流平台，主要透過委約製作、比賽、工作坊、影展及座談，促進導演

及舞蹈家之間的合作。於二〇一三年，CCDC委約又一山人創作一部舞蹈影片，原本委約原意只有大約普通dance video的長度，又一山人最後卻拍成了篇幅更長、感情更深厚的電影形式。電影有三位主角：梅卓燕、伍宇烈及邢亮，均為香港著名編／舞者，影片記錄了他們的舞蹈及核心思想。

「開拍之前，我一直在想，我為了甚麼而拍？若果大家只是要一個旁觀者，懂視覺創作、會剪接、拍鏡頭、記錄跳舞能力的人擔任導演，不一定是我吧？我必須要有主觀訊息，是否可以透過這套電影去表達我的價值觀？或者去談香港的未來是怎樣？」

經過了兩年的思考，他要表達的訊息總算明確下來：讓大家思考今天的香港，身處的處境，以及以怎樣的態度共存和向前。「我不是要拍一套戲去證明我是有能力的導演，要拿捏好目標，事情才會聚焦，聚焦之後是否能夠呈現有幾個因素，譬如你是否眼高手低做不到，或者是運氣遭遇落差，或者你的期待與現實

的觀眾有落差，但起碼不會失焦，因為自己清楚。這次拍電影能立體地呈現我做事的方向及鋪排，直至目前為止，觀眾都明白我在做甚麼，亦意識到訊息所在。」

開拍首天，又一山人讓攝影機長開，拍攝四人對話。又一山人突然向三人攤開紙牌，決定了戲名叫作《冇照跳》，三人都反應不過來。又一山人又說，不會再為此戲名表述更多，但三人都必須從這個方向出發。他又交給了三人各自的任務：梅卓燕與物件共舞；伍宇烈與人交流最有能力，就與人共舞；邢亮的抽象思維最好，就做空間。另一輪則各自單獨跟又一山人對話，就是談論他們對於「冇照跳」的理解，以及自己的看法。

在拍攝的過程中，又一山人不斷與三人談及今天的香港：鄧小平說，「馬照跑，舞照跳」，是不是真的舞照跳？還是如「冇照跳」，沒有跟隨我們心中的希望去發展？「三人用了第一身去表達他們對城市的願景或者變遷，我希望能夠為

香港人及觀眾賦予多一重意義，尤其是不熟悉這三個舞者的人，甚至不一定特別喜歡跳舞、看跳舞的大家，可不可以因為這套影片建立起共通話題？去看看我們的香港，感受我們的香港？」

有人已察覺這部電影不是單純記錄三人想法及跳舞的紀錄片，又一山人同意：「以一般理解電影的認識，必會這樣分類。但說真的，在我心中，這不是紀錄片，因為我有故事大綱、劇本，雖然不是我寫，但我掌握了這個劇本，我認知這三個我熟悉的好朋友做事的價值觀、做人的態度、對生命的看法，所以我掌握的這些就是故事的劇本。我要利用這些去表達我想講的話，所以我是主導了整件事，有方向性、引導性的探討。」

抓緊你的方向及做事的方法，

然後讓事情去發展，
不然你就只是報導和被動地
去「記錄」。
當你沒有主觀願望時，
你做任何事情都會覺得做得
多好多快都不重要了，

反正不是為了自己而做，可能是只求三餐。

又一山人向舞者傳遞自己的想法及思想引導，但也適當地給了對方隨性的發揮空間。有一幕，是梅卓燕到涼亭跳舞。拍攝前兩日，又一山人才向對方交代：「小梅，後日就要拍攝茶杯與茶壺跟你共舞，我帶你到大嶼山一個涼亭拍攝，一般住城市的人應該沒有去過。」這個涼亭，又一山人留意了十多年，他乘坐的士經過青馬大橋去機場，過橋以後就是大嶼山，在橋的左邊，山中有一個涼亭，他對這個涼亭相當有感覺。去到現場，他說了一句「涼亭在古時是一處人們聚散的地方，這裡是一個迎接與送別並存的地方。」之後，就任由梅卓燕憑感覺自行起舞，用自己的方式去回應他的說話。之後坐下來，梅卓燕談到很多小時候

從廣州來到香港的感受。

「我過了大半生，都是不停地去不同的地方，從小到大經歷最多的是車站和機場，因為我很想接觸多些不同的觀眾，去多些不同的劇場，好像這一生就有一種要到處跑的人生。我剛才站在這裡看到這條橋，看到那些車輛好像沒有間斷的，車輛不停地走動。在我最後的一次旅程之前，如果可以上月球，我都會想去一次的。當然最後一次旅程，亦可能是上月球，也不一定，不知道。」——梅卓燕

邢亮的部份即興成份更高，既然戲名叫《冇照跳》，他就決定不跟常規跳，亦即，甚麼都冇都照跳。又一山人跟邢亮互相找出問題：甚麼叫做拍錄像？甚麼叫做在電影中記錄？甚麼叫舞者？甚麼為之跳舞？甚麼舞動？聽到先準備好的音樂和現場錄像，邢亮馬上就動身，純直覺，當下一刻，以身體和意念回應。雙方在對話中拋出了對生存、生活和生命空間的反思。

「多站在別人的角度、他人的角度去思考事情。其實這個東西不是一個倫理

道德上面的事情，我個人認為，它是一個智慧的事情，為甚麼？因為我們永遠每天站在自己的思考點上面去思考事情，可是我們的有知、我們的感知，我們的一切都是有限的。可是當我們站在別人角度的時候，我們發現會打開了另外一個窗口，那個窗口不是我自己的窗口，那個窗口是別人的窗口，然後讓你感知整個世界的多元性和可能性。

所以，我不說香港人有沒有這樣，我也不說大陸人、地球人有沒有這樣，我只是覺得作為一個生命，有感知、有覺知的生命，他真正的享受生命的話，就應該有這樣的一個覺悟、覺知，這是我想說的。」——邢亮

伍宇烈在跟徒弟、晚輩及任職天主教修士的親生弟弟互動後，說了導演最聽在心裡的一句話：「人和人之間……reconnect……」

「……面對一些難題，然後大家去解決。我覺得如果我們的香港，我生活在這個地方，面對一些不可能的事情，我們沒錢、沒空間、沒時間去做，然後大家

找到一個方法，繼續前進（move on），就不錯了！」——伍宇烈

「我希望大家看《冇照跳》的時候，會看到社會與個人的很多課題：政治問題、社會和個人、自身定位、身體老化等等，也從中看到自己。**邢亮跟我都是佛教徒，他在電影中的每句話，都能代表我們共同的宗教哲學和價值觀。而團隊眾人，包括做音樂的龔志成的緣份和信任，也許是成就電影的最大力量。**」

前中國領導人鄧小平曾多番強調，回歸後的香港「馬照跑，舞照跳」，堅持落實一國兩制原則，香港的資本主義制度五十年不變。回歸至今已二十二年，我城經歷了風風雨雨，早已全變了樣。如果香港甚麼也失去了，憑甚麼可以跳下去呢？

只要不放棄，香港，總能 move on。

舞照跳 Trailer TVC ↗

IF YOU CAN'T BEAT THEM, JOIN THEM!

大約在 Stanley 二十二、二十三歲的時候，他和一班香港理工學院同學一起住在大嶼山，工餘時到香港大學校外課程上藝術家兼設計師王季麟的素描課。課程完結後，王季麟因為覺得跟這群學生頗有緣份，遂繼續分文不收指導他們的自修畫作。開始時，這群年輕人都很熱血，漸漸就開始懶散，功課也不太交了。突然有一天，王季麟不記得為了甚麼，有點生氣地說了一句：「If you can't beat them, join them!」在場同學頓時不敢發聲。對於老師語重心長地傳遞的價值觀，Stanley 深表認同，並一直謹記在心。

十五年後，在 Stanley 與新加坡同事到洛杉磯出差時，才將這個美麗的誤會揭開。當時 Stanley 已是三十七、三十八歲，在 BBH 擔任亞洲創作總監，那天午飯時，他跟年輕同事談事業、理想，當時 Stanley 衝口而出說了一句「If you can't beat them, join them!」對方一臉疑惑：「甚麼意思？」Stanley 用自己的方法告訴對方。對方才恍然大悟：「噢，沒有這個意思，你想多了！」

又一山人娓娓道出誤會：「我以為這句說話很深奧：『你今天不能打敗對方不緊要，你就將自己融入在其世界中，終有一日在適當時機，你就可以扭轉過來。』憑着這個信念，這三十多年來，當我面對惡劣、無理不公的情況，都會勉勵自己，告訴自己不要緊的，總會有下着，就鬥長命吧！」同一句說話，不同的人聽起來可以有不同的意思，如果能夠帶出正面信念，誤讀誤解又何妨？於是，他一直將誤讀的意思當成自己的座右銘，在路途上披荊斬棘。

而路途指的是，又一山人要將他所珍重的人文精神、社會價值帶到商業的世界中，成為商業世界也重視的價值。他始終深信，終有一日在適當時機可以將「商業歸商業，社會歸社會」的常規扭轉過來。

第一個嘗試是「例外」服裝。當年設計師王序在廣州邀請又一山人拍攝一輯時裝的宣傳圖輯，因而認識了「例外」的服裝設計師馬可。馬可與又一山人一拍即合，除了擔任拍攝，還希望他能參與創作及品牌定位方向的工作。馬可的服裝

很具東方色彩，一點也不迎合西方潮流，又一山人對此甚為欣賞，亦希望能有機會將更多社會價值觀、眾人平等、Life is Beautiful 的想法灌輸給大眾，因而答應加入。

當時正值二〇〇〇年，中國經濟發展剛開始騰飛。為甚麼執着要將這些價值觀放在中國這個舞台上討論？「因為香港人經歷過經濟起飛，已經習慣了這套遊戲，也被這個遊戲捆綁了。而中國正在這個遊戲的起步初期，我想將經歷過的東西帶出來：社會不只有物質潮流，也需要有環保議題、人文生活。」而「例外」真的做到了一個例外的意識形態小圈子，去討論社會平等尊重等例外的人文價值觀，「同一天空下」是其中一年探討的。以至後期的環保、文化題目、哲學觀念，例如其中一季度主題是「當下」。

若干年後，又一山人與「例外」服裝的另一位創辦人毛繼鴻去日本取經探討當地文化，參觀越前漆器、手工藝、和紙等，二人感嘆中國已將這些傳統技藝、

文化逐漸拋諸腦後，可是日本仍在堅持。毛繼鴻就提議，不如二人也來做一些事情推廣向精神價值出發的訊息。於是二人聯同第三位拍檔前誠品開國元老廖美立，策劃兩年之後，於二〇一一年成立了「方所」。

首間方所（現在於全國共有四間分店，分佈於廣州市、成都市、重慶市及青島市）是位於廣州市太古滙的人文書店，以當代生活審美為核心，涵蓋書籍、美學生活品、展覽及文化講座空間，書店期望作為思想匯集者、美學生活重構者、公共文化空間策劃者，將一個創造性的生活實驗空間帶給城市，成為匯集人潮、激盪思想的多元素發表平台，並開創一種富有生命力的新城市生活模式。又一山人形容這是共修之所。

方所甫出現，即令大眾眼前一亮，受到不少文學、藝術、設計等界別人士擊節讚賞，並在一個商業味濃厚的購物商場內成了一股清流，也成為了當地人不可或缺的文化生活板塊。很多人，尤其是商業人士都漸漸學習這套精神價值、營運模式。以開拓人文精神領域來說，方所無疑是最成功的一個例子。

往後，又一山人本着推廣例外及方所的「中國生活」經驗，參與了深業上城（Upperhills）二〇一三年的深圳地產項目，以「尚上生活」（Upper Living）作為主題。

跟當時一般鼓吹西方奢華、物質主義的地產項目不同，「尚上生活」概念是心靈及精神上的滿足，探討人的內在價值、生命的啟發及生活的品質。令人訝異的是，又一山人這個市場定位意念居然獲客戶認同。往後推廣所有示範單位、宣傳片，也沒有金光閃亮的富豪格調，反之然着重品質內涵。這在當時來說，可說是反潮流而行，一推出甫即造成轟動：為甚麼一個三千呎的居住單位，只有一間房，沒有水晶燈？

雖然行家都反應不過來，但人們都很投入，原來在常規／行規以外，也可以有新的路徑，有新的價值取向，這個項目得到了大眾的認同，可以說是很成功地落實了。

——例外、方所及上城這三個項目說下來是近二十年的經歷，這三個品牌真的很有意思，——

遇到他們能夠與大眾有不同的碰撞衝擊。這接近四十年的工作生涯，我將香港的觀念帶到中國內地，看到過去十年香港的動蕩、不開心，以至我在內地的發展，建立信心、定位和堅持，再帶回到香港。如果整體看今天香港這個市場，仍然覺得太沒有進步，太沒有前瞻性。可能是大家失去了這種胸襟，就算在商言商的策略也應考慮如何打造商業文化平衡的品牌。面向眼前的城市變化、面臨的各種競爭，沒有考慮下一步。即使是從理想的角度看，從商業的角度看，都缺乏前瞻性。很多時候國內有人聯絡我想合作推動一個品牌，他們了解我背後的一些價值觀，他們的態度是因為你沒有做過這個類別、這個板塊，會有新的碰撞和驚喜；而在香港，他們會先了解你是否有過做同類項目的經驗？如果沒有，就沒信心讓我做了。這樣怎麼產生新的火花？新的可能性呢？還是太過於保守了，太缺乏自信和胸襟。◎節錄自〈又一山人：作為創意人，我們應該有更多的社會責任心〉，雅昌藝術網，二〇一八年七月。

回到香港，又一山人也曾於二〇一一年與新生精神康復會合作，推出「紅白

藍３３０」項目，以紅白藍及正面香港為設計主題，透過推出紅白藍的產品，宣揚正面積極的訊息，提升「身心靈３３０」的健康，同時協助精神病康復者融入社會、自力更生。「別人都說這是我的『生意』，我是一再強調這是『義工』身份參與，他們都很驚訝我作為設計者居然只是義工，好像違反了設計師做產品事業的生態及概念。我希望能夠給予有工作能力，但無人願意聘用的康復者一個工作機會，同時希望傳媒大眾繼續關注精神病康復者。」

推出產品，又一山人當然不會放過囉囉唆唆的機會。每件產品都繡上字句，帶出正面的訊息。譬如其中容量很大的斜孭袋印上「那怕再重」、童軍小背包是「孭得起」、環保杯是「飲水思源」等，拒絕放過任何一個帶出社會價值的機會。

紅白藍身心靈

堅韌可靠，
卻又靈活多變的
紅白藍系列不僅象徵着
香港人堅毅不屈、
靈活變通的拼搏精神，
它亦代表着

精神病康復者為製作出
精心布藝產品
而付出的不懈努力，
為自我復元，
重建健康之「身心靈」
踏出重要的一步。

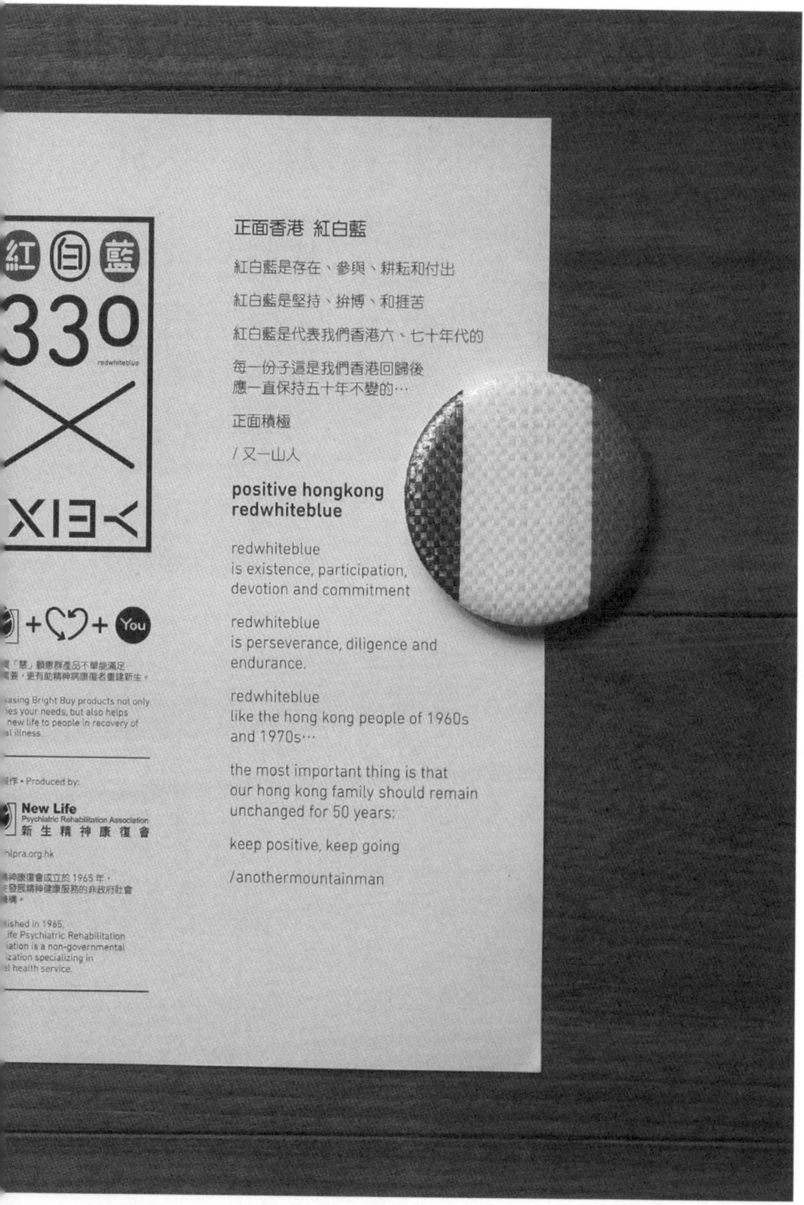

紅白藍
330
redwhiteblue
You
Produced by:
New Life
Psychiatric Rehabilitation Association
新生精神康復會
正面香港 紅白藍
紅白藍是存在、參與、耕耘和付出
紅白藍是堅持、拚博、和捱苦
紅白藍是代表我們香港六、七十年代的
每一份子這是我們香港回歸後
應一直保持五十年不變的…
正面積極
/又一山人
positive hongkong
redwhiteblue
redwhiteblue
is existence, participation,
devotion and commitment
redwhiteblue
is perseverance, diligence and
endurance.
redwhiteblue
like the hong kong people of 1960s
and 1970s…
the most important thing is that
our hong kong family should remain
unchanged for 50 years:
keep positive, keep going
/anothermountainman

正面香港
正
面
香
港

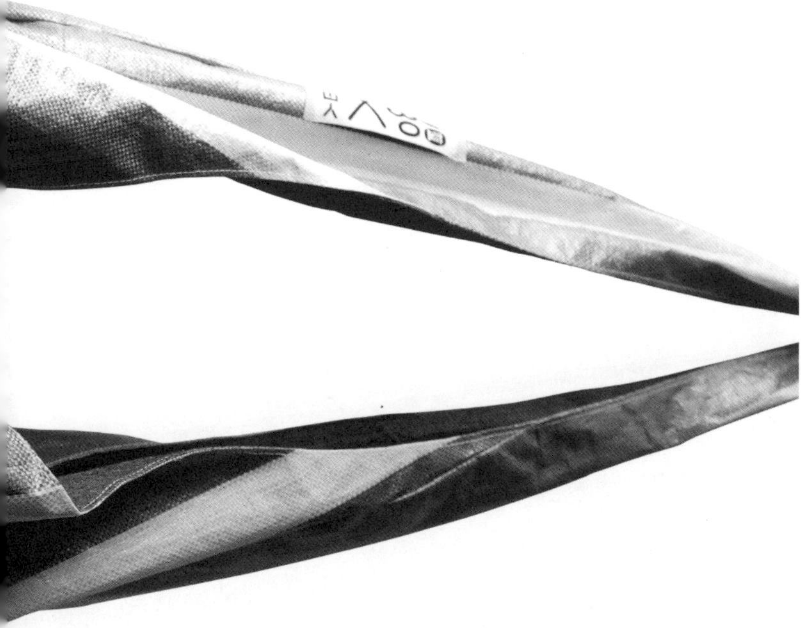

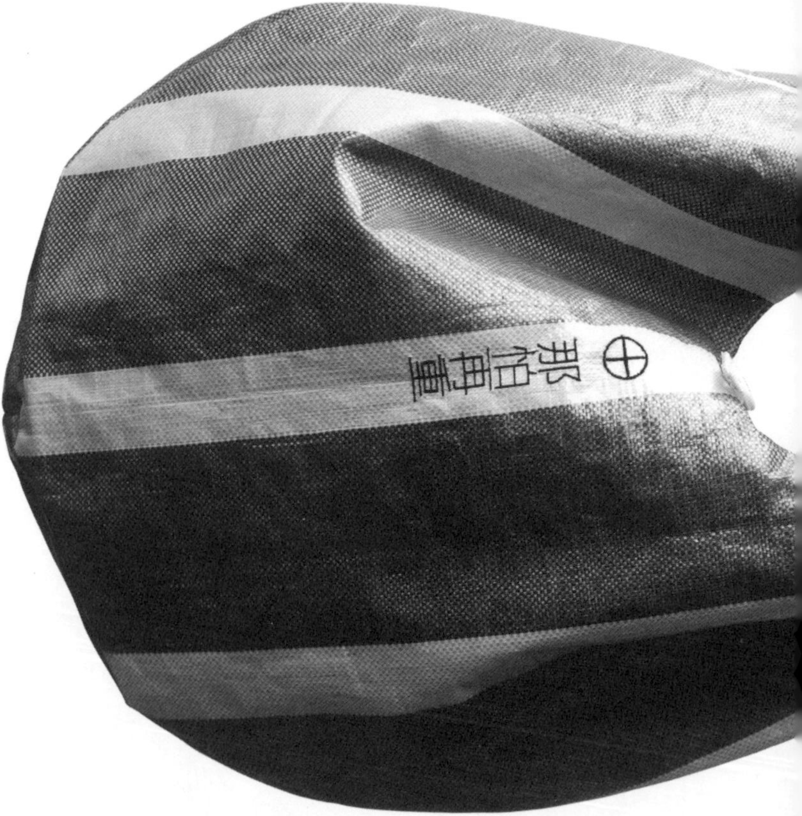

↑**那怕再重**｜**二〇一六**｜重量。是物理學，數學。／重量。也是心理學，甚至社會學。／心放得輕，放得開；／膊承得更多更重。

以至到後來的大家樂、ifc 項目，又一山人向客戶提議在商業價值以外，應加入更多社會價值、人文精神，均被客戶接納。經過了四十年的努力，從商業創作走向具社會價值的創作，再將兩者融為一體，又一山人走的路與 Stanley Wong 走的路終於重疊，人文與商業不再是兩個世界的事情，而是可以互相依存共生。

「最近我有一個演講的題目，是關於品牌價值與社會價值並存。不是我一廂情願將我喜歡的價值放在品牌中，而是應該說，又一山人堅持了那麼久的社會價值、精神價值、人的內在意義，最後可以在別人的品牌宣傳、產品形象中得到認同。你說這是不是『If you can't beat them, join them!』都是的，終於有氣力去到這一步，終於可以發揮起來。我在總結時提出了一個問題：在商言商，當然有自己的方法賣其產品，但大家有沒有顧及過，當你推銷一件產品，你對這個社會有責任？你推銷一個市儈的價值觀是你的選擇，你花錢做宣傳時你是擁有話語權

的，所以你有影響力，也同時有很大的責任；推銷對所有人都有益的內在精神價值，也是你的選擇。雖然現在宣揚精神價值的聲音很微小，但我相信世界會朝着這個方向改變。快到二〇二〇年，社會上人與人之間扭曲失控的情況會愈來愈嚴重，所謂物極必反，必然會有向好的反思和反彈。」

於我來說，過去近廿年用自己的方法（非學院式）與年輕人和大眾互動，頭號的不是創意理論和技巧，更重要的是：創意中之

人文、倫理。真、善和美的根本。

二〇一八年，又一山人與龍景昌及三三共同創辦了「就係媒體有限公司」，通過《就係香港》（*Being Hong Kong*）季刊以紙本為核心，並輔以網絡平台及實體活動，透過 REvisit（探索過去）、REthink（重新思考）、REcreate（再創造），去發掘未完的香港故事及可能性。

作為一個商業創作人，又是一個藝術家，為甚麼突然搞媒體？「我以前在《明報周刊》Book B 跟龍景昌和三三開始合作，參與了他們具人文色彩的生活時尚雜誌，把關視覺創作部份，今日更要往前走一步，在方向、內容上都要參與。其中為何要做呢？我的答案是，從紅白藍到今天做媒體項目《就係香港》是沒有分別的。對我來說，仍是藉着不同框架及溝通方式，去帶動香港怎樣才能有更好的下一步。當天的大眾與今天的讀者，仍然迫切於尋找香港的認同感及出路

的可能性。大家可能覺得香港甚麼都沒有了，甚麼都是差的，但其實我們身邊有無數獨特的、優秀的可能性，實現可以實現的，便好。」

紙媒已死，今天已是舊調重彈。但在今日的香港，不論紙媒還是網媒，都容不下一個深度閱讀的氣氛，或者說，長篇大論的文章不是今天市場或一般讀者需要的。但《就係香港》卻偏偏反其道而行，每三個月出版一本，這本「季刊」厚逾三百頁，比起一般雜誌，它更像是一本書。而且堅持專注紙本書，只做深度閱讀。內容上，它選冷門或大家熟悉的題目出發，第一期探討如何活化已經老化的大會堂、第二期探討香港居住空間，怎樣不用通過填海而可設立沿岸居住生態，是拓闊對居住空間的想像、第三期探討善用街角的Pocket Park和藝術改變生活，其他題材如探究及再發現香港的青苔、山茶花……，豐富我們對香港的想像，投入香港生存、生活、生命的課題。這本季刊在成立之初就不被看好，很多人笑他們傻，何必逆

BEING HK
就係 香港
紙本 | 文本 | 人本
000 / 2018 夏 / 試刊特別號 定價 / HK$100
REvisit REthink REcreate // 大會堂
REdiscover // 美好就在身邊 / 林超英 // 再見苔藻 / 又一山人
REdefine // 李嘉誠時代 / 蔡東豪
REfresh // 午間輕小說 / 陳慧 Print Matters // 書店風景 Mosses
REspect // 人間國寶白雪仙 / 劉培基
REvive // 粵菜，還是香港最好 /
大師姐 / 葉一南 / 伍柏基 / 徐滘業 / 姚敏
REedit // 生命地圖，電影地圖 / 趙良駿 REfraction // 盛夏 2018 REprint // 曾灶財
REsonance // 盛夏日之夢 // 盧冠廷 / 唐書琛
REference // 安尚秀 // REread // 也斯
別冊 1 《與也斯重遊》/ 李家昇
別冊 2 《Create Recreate / Side A Side B》

流而行？然而、四期下來，讀者的熱情和投入，也說明了一切。

「為甚麼網上影片長過一分鐘就沒有人看？你的影片能感動人心，言之有物，就會有人看。為何要那麼快就定調主流不是這樣做？不是主流就沒有人看？我們認為總有人希望有不同的閱讀經驗，所以我們要站穩做深度閱讀，不要被所謂的『大眾』、『市場』拖着走，不要那麼快就妥協。」

媒體　平向
教育　直向
當今最重要的

Collaborations//
梁培里 / John Batten / 吳志華 / 馮永基 /
潘璧雲 / 余家聲 / 周勇平 / 姚嘉珊 / Lio Yeung /
Adonian Chan / Renatus Wu / Ken Lo / RMM /
Henry Chu / Calvin Kwok / Mak Kai Hang /
Kenji Wong / 胡恩威 / Stanley Siu /
James Law / 劉庭善 / MCCM Creations /
徐亞英 / 黃照達 / 程文遠 / Waito Lee /
Jeremy Cheung / Kevin Mak King Huai /
劉清平 / 楊德銘 / 翁志偉 / Connie Hong /
Hugo Poon / 余偉健 / 吳鳳平 / Harvey Chan /
Rex Koo / Debi Ng / Furze Chan
與也斯重遊

Collaborations//
梁培里 / John Batten / 吳志華 / 馮永基 /
潘璧雲 / 余家聲 / 周勇平 / 姚嘉珊 / Lio Yeung /
Adonian Chan / Renatus Wu / Ken Lo / RMM /
Henry Chu / Calvin Kwok / Mak Kai Hang /
Kenji Wong / 胡恩威 / Stanley Siu /
James Law / 劉庭善 / MCCM Creations /
徐亞英 / 黃照達 / 程文遠 / Waito Lee /
Jeremy Cheung / Kevin Mak King Huai /
劉清平 / 楊德銘 / 翁志偉 / Connie Hong /
Hugo Poon / 余偉健 / 吳鳳平 / Harvey Chan /
Rex Koo / Debi Ng / Furze Chan
與也斯重遊

REvisit
1960・香港・現代都市・大會堂
重建大會堂・拖拖拉拉30年
THE OLDEST HALL
Last Portion Being Demolished
BUILT IN 1869
A statement of a frantic decade,
An opportunity for a new era

踏入六十

又一開始

「我今天的心情是……迎接又一個新開始。」

「沒有很多計劃。但背後有很多因緣一直累積，很多事情都將會是一個新的開始。」

孔子在《論語・為政》中曾經說過：「吾十有五而志於學，三十而立，四十而不惑，五十而知天命，六十而耳順，七十而從心所欲、不逾矩。」孔子認為，十五歲是立志學習的階段，過了摸索期，到了三十歲就可以自立，學有所成，四十歲就會對自己的目標明確，不會再感到迷惑，五十歲懂得甚麼是天命，六十歲時能夠接納不同的意見，七十歲就可隨心所欲而不逾越規矩。

回顧又一山人的過去，似乎正好體驗了孔子的說話。三十歲那年，他就已經成為亞洲廣告創意界其中一位表表者，開始獲獎，並舉辦了人生第一個攝影展覽「一個人十年十萬公里路」。四十歲的第一天，他就決定要重新出發，放棄在廣告界的高薪厚職，為了將來實踐「人的和諧」而努力。五十歲，他懂得了甚麼是

天命，知道自己的工作就是要不斷推動創作的意義及價值，社會應該朝着哪個方向做。

今年踏入六十歲，又一山人期望有一個新的轉變、新的責任：「這個展覽總結了我過去四十年的工作，可能對你們來說只是一張成績表，但對我來說我會向前望，期望自己有新的轉變。我意識到這個世界在變得不尋常或者更加偏激，不是政治上的偏激，而是科技將會為社會掀起一場大革命，人與人的關係會進一步變化。相信我將來十年的工作都會朝着這個方向探討。」

至於六十而耳順，他這樣回應：「我覺得這有少少像『If you can't beat them, join them!』我相信會是，你這樣說我就樂意聽，世間事情這樣發生我就看在眼裡，但不代表我妥協，不代表我不堅持。但我會更加用平常心去看待這個世界，跟大家互動前行。」

Q

馬可

第二個感覺是「人」，出現在你的設計中的人，多是現實中十分平凡的人，而非很多作品中常見的經過「造型」的人，較藝術化的人，為甚麼你關注這群人？甚至是生活在底層的並不藝術地生活着的人？這群人離你自身的生活有着很大的差距，你憑甚麼越過這種差異去關注他們的存在？而你的作品又會為他們帶來怎樣的改變？

A

又一山人

就算天才、偉人、巨星、名人……生活底蘊裡都會是個平凡人，普通人。我關注任何一種人，我關心人和人最基本的七情六慾、

悲歡離合及甜酸苦辣……
為甚麼?
我奢望人和人的共存比我們正在活着的世界好一些……
生活在底層的人也會有看法,有建樹。
藝術地生活的人也可能腦袋空白,裝情操。
形式、外表不重要。生活自身不就是藝術嗎?
出入大酒店喝紅酒,來去藝術館音樂院,
當然不是生活的全部。
我主張用心生活,用心體驗,人和人的關係,
人和社會的關係,社會和社會的關係。
有時候,我會是示威遊行隊前的攝記。
有時候,我會鑽到大城市的後巷、街市看看最基層的生活。
甚至有時候,到餐廳吃些不喜歡的食物,
教自己「世間不如意事十常八九」……
改變到怎樣倒不是計算的目標,
況且,凡事都是沒有絕對的對或錯,絕對的好或不好。
但我關心黑和白的對位。
我希望藉着作品和觀者溝通,
打開話匣子,
大家用自己的黑白良心思考……

Q

馬可

創作對你是否是一種必須？
這些作品是你的工作，還是你的興趣？
你是否會無目的地去創作？
除了服務客戶，賺取銀兩，
除了參賽獲獎，除了給人看到，
你是否會只為自己的必須而去創作？

A

又一山人

服務客戶的商業創作是賣腦汁換來銀兩（生活的條件）。
做好商業創作參賽是賺取認同及信任，
從而賺來下個更大的工作。
認同及信任可招徠商業以外的空間和機會。
希望藉自我創作空間
希望凝聚群眾對美麗人生的思考和關注。

馬可

你是否介意別人對你的評價？

相比之下，你會更在意設計界對你的評價還是行走在你的創作旁的，路人的評價？

你會因別人的非議而改變初衷嗎？

Q

A

又一山人

我不需要別人喜歡我的東西，
但需要取得別人支持、接受及尊重。
要不然，你有你幹，
他們有他們跑掉，反失卻了我幹下去的目標。
我只關心群眾路人的反應和接收訊息的正負面，
因為他們是我做個人創作的目標對象。
不會改變。
但經常提問自己是否百分百從良心正義出發。

Q

馬可

藝術是甚麼？藝術對你是甚麼？
音樂是甚麼？音樂對你是甚麼？
寫作是甚麼？寫作對你是甚麼？
電影是甚麼？電影對你是甚麼？
攝影是甚麼？攝影對你是甚麼？
創作是甚麼？創作對你是甚麼？
生活是甚麼？生活對你是甚麼？

又一山人

A

藝術是開拓生活思想的空間。

藝術是我對人間生活求索的工作。

音樂是神經享受，心靈溝通分享的工具。

音樂是我獨處時最明白我，和我傾訴聊天的朋友。

電影是娛樂。是逃避世間的夢空間。是思考對話的媒介。

電影是我心目中最具接觸力和感染力的溝通媒介。

攝影是記錄，是見證。是傳情，是圖畫。

攝影是我和身邊的情、事、物之間的一些感受和瓜葛。

創作是能讓將來生活得不同和更有趣。

創作是我在公在私的活動範圍和遊戲。

生活是人生，是追求，是享受……

生活是我的工作，工作是我的生活。

快樂是自己釐定的自我解放、自我滿足的標準。

痛苦是必然的，上天有說過人來到世界是享受嗎？

自由是做任何事的公平基地和起點。

Q

馬可

你是否一個愛做夢的人？
你怎樣去面對現實和夢想之間的距離？

A

又一山人

我心裡的烏托邦是我腦中永遠的夢。
現實和它有多遠我不知道。
不是原地不動，每天行近一些便可以了。

Q

馬可

你認為自己存在的價值是甚麼？

A

又一山人

存在便要生產，要工作，要參與，要投入，要興建。

Q

馬可

選擇吃素，
就意味着放棄食葷，
你不吃肉而並非不知肉之鮮美，
這麼多年，
你從未饞過？
如果饞，怎麼辦？
（請講實話）

A

又一山人

實話不二：一秒鐘也未試過，
難道菜不鮮味嗎？
豆不鮮味嗎？
……世界有多美的衣裳，
有多美的房子，
你穿不了這麼多。
住不了這麼多。
夠了便是足夠。
少，
你還對它珍惜和更有要求。

◎以上節錄自〈創作應是：為甚麼「不」……與馬可對談〉，《薪火國際設計信息月刊》，二〇〇二年五月。

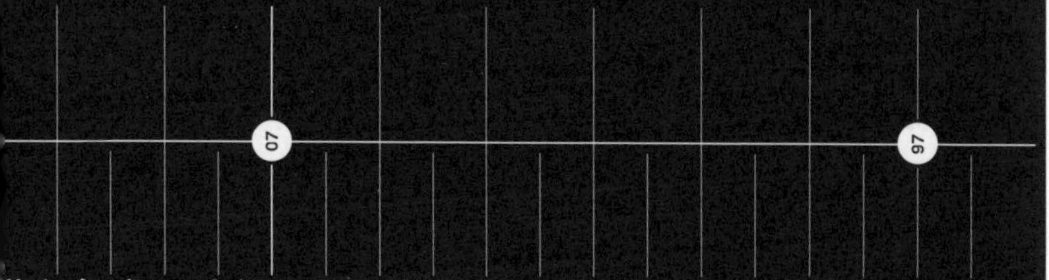

識和包容，我們需要互相尊重。過去的很多指標和定位都被
多角度看問題是一種包容，但是社會不能沒有一個共識。如
也就不需要共存了。沒有共識，人的自我就會被無限放大，
多觀點。講，理所當然，也很容易，但往往你「這把尺」和
向。我希望的就是人與人之間應有的這種共識。這也是這十

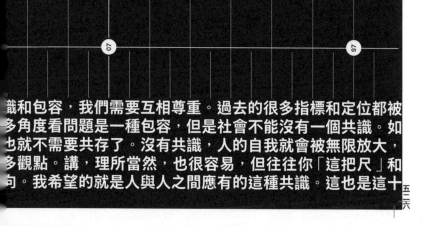

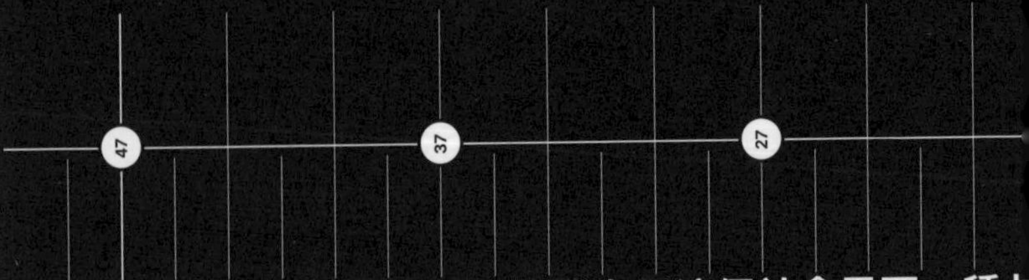

“每次見到尺，都會不斷地提醒自己這個社會需要一種
忽視了，出了事情以後，才會去想怎麼辦。雖然現在強調
果大家都不管他人的事，都依照自己的節奏辦事，那麼我
久而久之就會成為社會問題。對於一件事物，人總是會有
我「這把尺」都是不一樣的，所以很多事情都應該有個大
多年來，藏尺讓我認識到的價值和意義。”

◎ 節錄自〈收藏尺子，尋求共識〉，《明日風尚》，二〇〇九年二月。

“凡人總有一個前設的遭遇，你出生的地方窮，你就跟着窮，那個地方食貓，你跟着食貓，我們這裡食狗也不行，所以就食牛。食牛沒錯，其實只是你身處的地方的價值觀容許你這樣做。那麼每個人在不同的條件之下，如何再提升到更好，甚麼是更好呢？首先就是不要作奸犯科，這是基本的好，再來就是將自己的思維和心境，提升到一個境界，那個境界就是自在。”

每個人都在追求幸福，但這個幸福的背後，其實還包含了痛苦。並沒有純粹的幸福這回事。一行禪師形容得很好，他說就像一棵蓮花在水裡生長出來，大家都覺得很美，但卻忘記了底下的泥。沒有泥就沒有蓮花，這是一整套的。正等於苦和樂其實是一

個共同體。在人的情緒、人的思想、人的結構裡，一定有苦和樂。所以佛有一個四聖諦，叫苦、集、滅、道。首先你要接受人或多或少一定有苦的存在，要認定苦的必然；集的意思就是收集，即是集中起整件事，認識整件事，理解整件事；滅，就是如何消除掉，消除掉了就是道。一行禪師很有趣，他不將滅這個字看成是一種抵抗，他用了「Embrace」這個字，教我們要擁抱這個苦，從而將其融化，與樂合二為一，這才是整體。當你可以擁抱苦和樂，那便有了自在的可能。

◎ 以上節錄自《號外》，二〇一〇年十二月。

上天造人真是很特別的：

站得遠，就看不清楚。

但走到最近（約三十公分），眼前的也會失焦。

如果我們不知從哪條路走過來，
我們就不知自己站在甚麼位置。
如果站在甚麼位置都不知道，
從何講下一個目的地呢！
這個問題好值得我們思考。

◎ 節錄自「好香港好香港」展覽演辭，二〇一七年。

One pair of glasses is for Stanley Wong and one is for anothermountainman, although they are on the same physical body. I consider they are two different people with two different lives.

© NESHAN, *The Iranian Graphic Design Magazine.* (2016)

for everything in life,
there is no clear starting point,
and there will be
no absolute ending.

又一山人

黃氏畢業於香港工商師範學院設計應用系。任職平面設計師五年後轉往廣告，曾任多間國際知名廣告公司創作總監。在十五年的廣告創作生涯後，轉職為電視廣告導演。於二〇〇七年成立八萬四千溝通事務所，繼續致力內地及香港的商業及文化項目的設計、推廣及品牌顧問工作。

黃氏的藝術、設計、攝影及廣告作品屢獲香港及國際獎項達六百多項，包括美國 One Show 國際創意獎兩金、英國 D&AD Yellow Pencil、東京 TDC 大獎、HKDC DFA 兩個大獎及歷屆 HKDA Design Awards 金獎十數個。其藝術及設計作品於香港、海外展出有過百次，如二〇一五年東京 Ginza Graphic Gallery（GGG）舉行大型個展。二〇一九至二〇年於香港文化博物館回顧四十年創作大展「時間的見證」。作品更獲多間香港及國際藝術館作永久收藏，包括香港西九 M＋及倫敦 V&A 博物館。於二〇一一年榮獲香港藝術發展獎的「藝術家年獎」（視覺藝術）及香港藝術館頒發的「香港當代藝術獎二〇一二」。並於二〇二〇年獲選 DFA 世界傑出華人設計師。於二〇〇四年加入成為 Alliance Graphique Internationale（AGI）會員。

除設計及廣告創作外，又一山人對攝影及個人視覺創作十分熱衷及積極，尤其專注人文、社會狀況的題材。過去二十多年間，他以「紅白藍」系列作品積極推動「正面香港」精神，並受到香港本地及國際關注。二〇〇五年代表香港參加威尼斯藝術雙年展。

黃氏重視青年教育，通過本地、國內、海外的眾多學院及公開舉行的講座和工作坊，致力為創意教育作貢獻是他生命中的重要部份。

anothermountainman (Stanley Wong) is a renowned designer and contemporary artist. Following five years as a graphic designer, Wong began his career in the advertising industry working as Creative Director for many international advertising companies. Fifteen years later, Wong became a film director for television commercials in 2001 and established 84000 Communications in 2007, branching out his creative career.

Wong is the recipient of more than 600 local and international awards for his art, design, photography and advertising works. Many of his artworks have been exhibited local and overseas galleries and museums for more than 100 shows, and are now part of their permanent collection, including Hong Kong M+ and London V&A Museum. In 2004, Stanley was inducted into Alliance Graphique International (AGI) a prestigious institution whose membership comprises the most elite graphic designers from around the world. Wong was also awarded the Artist of the Year 2011 (Visual Arts) from Hong Kong Arts Development Awards and the Hong Kong Contemporary Art Awards 2012 from Hong Kong Museum of Art. In 2020, he was named DFA World's Outstanding Chinese Designer.

Additionally, anothermountainman is very passionate in photography and various creative mediums with a strong focus on social issues. For last two decades, Wong has gained international awareness with his 'red-white-blue' collection, representing the 'positive spirit of Hong Kong' which he presented at the 51st Venice Biennale in 2005 representing Hong Kong.

LIZA LUK

畢業於香港中文大學文化研究系，曾任職旅遊記者及藝術雜誌編輯，讀萬卷書也走萬里路，在修行的旅途上擠出時間寫作及攝影。關注生活中的不公義，希望能為社會進步出一分力。

囉囉唆唆

文一山人

六十年——想過 寫過 聽過 說過的